Walburga Brügge • Katharina Mohs
Erwin Richter

So lernen Kinder sprechen

Die normale und die gestörte Sprachentwicklung

5., durchgesehene Auflage

Mit Fotos von Astrid Zill

Ernst Reinhardt Verlag München Basel

Walburga Brügge, Logopädin, Richthofenstr. 15, D-59063 Hamm

Katharina Mohs, Logopädin, Lilienstr. 22, D-59065 Hamm

† *Erwin Richter*, Sprachtherapeut

Titelfoto: Astrid Zill, Hamm
Mit 6 Abbildungen, 3 Tabellen und zahlreichen Fotos
Fotos im Innenteil: Astrid Zill, Hamm

Bibliografische Information der Deutschen Bibliothek

Die Deutsche Bibliothek verzeichnet diese Publikation
in der Deutschen Nationalbibliografie; detaillierte bibliografische Daten
sind im Internet über <http://dnb.ddb.de> abrufbar.
ISBN 3-497-01737-X
ISSN 0720-8707
5. Auflage

Printed in Germany
Reihenkonzeption Umschlag: Oliver Linke, Augsburg
Satz: Fotosatz Reinhard Amann, Aichstetten
Druck und Bindung: Friedrich Pustet, Regensburg

Ernst Reinhardt Verlag, Kemnatenstr. 46, D-80639 München
Net: www.reinhardt-verlag.de Mail: info@reinhardt-verlag.de

Inhalt

Teil II: Die gestörte Sprachentwicklung

Teil III: Förderung der Sprachentwicklung

Vorwort zur 5. Auflage

Viele Kinder im Vorschulalter zeigen Auffälligkeiten in der Sprachentwicklung. Eltern, die sich Sorgen machen, ob die Sprachentwicklung ihres Kindes altersgerecht verläuft, möchten wir ermutigen, sich Rat und Hilfe zu holen. In diesem Buch haben wir die Sprachentwicklung sowie Bereiche, die eng mit der sprachlichen Entwicklung des Kindes zusammenhängen, beschrieben. Daneben wurden Vorschläge zur Förderung der allgemeinen und der Sprachentwicklung genannt und mit Spiel- und Buchvorschlägen ergänzt. Es war uns wichtig, dass die einzelnen Teile in sich abgeschlossen sind. Daher kommen manche Aspekte mehrfach vor. Wir hoffen, dass dieser Ratgeber Ihnen als Eltern oder Erzieherinnen eine hilfreiche Unterstützung bietet, wünschen Ihnen einen kreativen Umgang mit der Spiel- und Sprachentwicklung Ihres Kindes und viel Spaß bei der Entdeckung der Vielfalt von Sprache und Spiel.

Walburga Brügge und Katharina Mohs
Hamm, im Juli 2004

Einführung

Dieses Buch beschreibt die Sprachentwicklung des Kindes, mögliche Verzögerungen oder Auffälligkeiten innerhalb dieser Entwicklung und gibt Anregungen zur Förderung. Zunächst werden im ersten Teil die Rahmenbedingungen für den Spracherwerb genannt. Dann werden Anhaltspunkte und Daten für die sprachliche und allgemeine Entwicklung gegeben. So können Sie die Entwicklungsschritte Ihres Kindes leichter einordnen, mögliche Abweichungen erkennen und ggf. fachliche Hilfe in Anspruch nehmen.

Der zweite Teil beschäftigt sich mit den Auffälligkeiten und Störungen in der Sprachentwicklung und gibt Hinweise für den sprachlichen Umgang mit Kindern.

Im dritten Teil werden Anregungen und Hilfen geboten, wie die sprachliche und allgemeine Entwicklung im Alltag gefördert werden können.

Eltern, die sich Sorgen um die sprachliche Entwicklung ihres Kindes machen, werden manchmal mit dem Hinweis vertröstet, dass sich die Auffälligkeiten mit der Zeit von selbst verlieren.

Doch ist es wichtig abzuklären, ob neben der Sprachauffälligkeit des Kindes auch andere Entwicklungsbereiche nicht altersentsprechend entwickelt sind, und ob das Kind intakte organische Voraussetzungen (Sehen/Hören) für den Spracherwerb hat.

Eine Früherkennung mit der Entscheidung, ob therapeutische Maßnahmen sinnvoll und notwendig für die weitere Entwicklung des Kindes sind und ggf. frühe Beratung und Förderung sind auch deshalb so wichtig, weil sich aus der primär bestehenden Sprachauffälligkeit des Kindes in der Folge sekundäre Auffälligkeiten entwickeln können, wie z. B. Abnahme der Sprechfreude, Entwicklung eines Störungsbewusstseins oder Schwierigkeiten beim Lese-Schreib-Lernprozess in der Schule.

Im Anhang finden sich Erklärungen zu häufig gebrauchten Fachbegriffen.

Teil I

Die Sprachentwicklung

Die Sprache ist das Verständigungsmittel der Menschen und bildet die Brücke zwischenmenschlicher Beziehungen. Sie ist das wichtigste Medium, um mit anderen Personen in Kontakt zu kommen, Gedanken und Gefühle auszudrücken, Wünsche zu äußern, Erlebnisse zu verarbeiten, Handlungen zu planen, Zusammenhänge zu verstehen und Erfahrungen auszutauschen. Die Entwicklung sprachlicher Fähigkeiten ist von besonderer sozialer Bedeutung für das weitere Leben des Kindes.

Unter Sprache verstehen wir ein System von Wörtern und grammatischen Regeln, die sich das Kind im Verlauf seiner Entwicklung aneignet. Sprechen ist das „Lautmachen" der geformten Gedanken mit allen am Sprechvorgang beteiligten Muskelsystemen (Artikulation und Stimmgebung). Wir können Sprache und Sprechen mit Planen und Ausführen vergleichen. Zum Planen gehört die Fähigkeit, die entsprechenden Worte zu finden und in der grammatisch richtigen Reihenfolge einzusetzen. Das Ausführen erfordert ein schnelles und gezieltes Zusammenspiel verschiedener Muskelgruppen, um die Gedanken für den Zuhörer verständlich auszudrücken.

Spracherwerb erfolgt in der Auseinandersetzung mit der Umwelt, die sich das Kind mit allen Sinnen erschließt. Neben bestimmten organischen Voraussetzungen braucht es sprachliche Zuwendung, Geborgenheit und Akzeptanz. Da diese Entwicklung von vielen Voraussetzungen abhängig ist und Sprache ein sehr komplexes und durch zahlreiche Faktoren mitbestimmtes Geschehen darstellt, ist die Störanfälligkeit hoch.

1 Rahmenbedingungen für die Sprachentwicklung

Die Sprachentwicklung ist von Entwicklungsprozessen und Erfahrungen in verschiedenen Bereichen, sowie von Einflüssen aus der Umwelt des Kindes, abhängig. Abbildung 1 soll verdeutlichen, dass nur das Zusammenwirken aller Rahmenbedingungen eine ungestörte Sprachentwicklung ermöglicht. Wichtige Bereiche sind:

- das Hörvermögen
- organische Voraussetzungen
- die Motorik
- die Wahrnehmung
- das Sprachverständnis
- die Sprechfreude
- das sprachliche Vorbild
- die Umweltbedingungen
- das Spiel

Das Hörvermögen

Ein intaktes Hörvermögen ist eine wichtige Vorbedingung für die Sprachentwicklung. Ohne Höreindrücke ist keine Nachahmung des Sprechens möglich. Dem schwerhörigen oder gehörlosen Kind fehlen Hörerfahrungen für Umweltgeräusche, Klänge und Sprache.

Bereits in den ersten Monaten zeigt ein Kind Lauschreaktionen wie z.B. das Innehalten beim Saugen, Hinwenden des Kopfes oder der Augen in die Richtung der Schallquelle. Reagiert es nicht auf laute Geräusche oder Klänge (z.B. Klingeln des Telefons, Radio) und zeigt es im Alter von 3–6 Monaten keine lau-

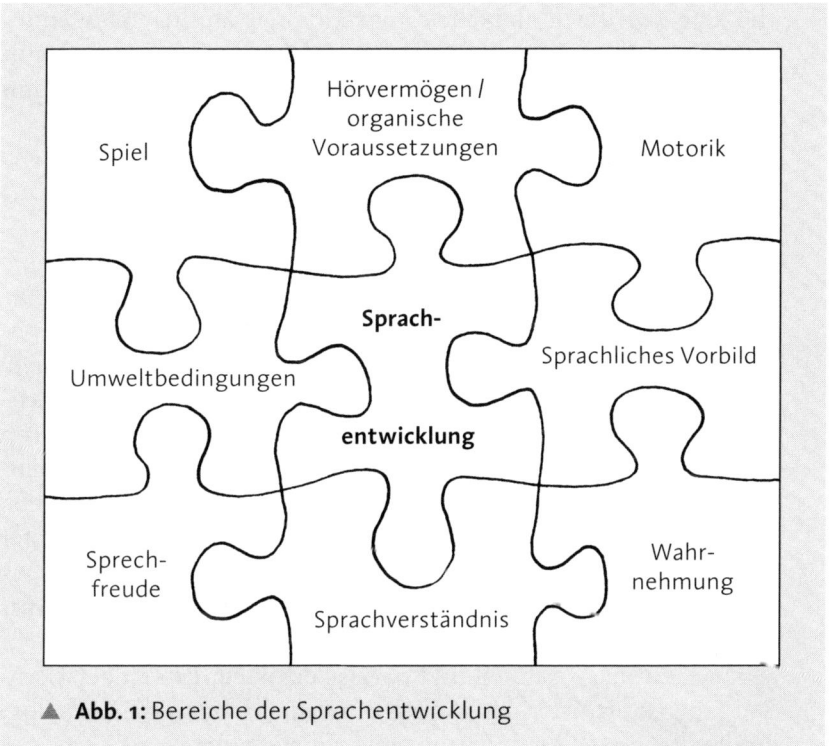

Spiel

Hörvermögen /
organische
Voraussetzungen

Motorik

Umweltbedingungen

Sprach-

entwicklung

Sprachliches Vorbild

Sprech-
freude

Sprachverständnis

Wahr-
nehmung

▲ **Abb. 1:** Bereiche der Sprachentwicklung

schende Hinwendung auf Stimmen, ist es ratsam, untersuchen
zu lassen, ob eine Hörstörung besteht. Zur Diagnostik kann zunächst der Kinderarzt, ein Hals-, Nasen-, Ohrenarzt bzw. ein
Phoniater aufgesucht werden.

Einschränkungen im Hörvermögen sollten so früh wie möglich
erkannt und therapeutisch behandelt werden. Bleibt bei einem
Kind eine Hörstörung über längere Zeit unerkannt, kann sich
seine sprachliche Entwicklung verzögern. Schon bei einer leichten Einschränkung des Hörvermögens (häufig nach Mittelohr-
entzündungen oder nach Infekten im Hals-, Nasen-, Ohren-
Bereich) kann das Kind eine leichte Höreinschränkung haben,

die sich auf die Unterscheidungsfähigkeit ähnlich klingender Laute und Worte auswirkt. Treten solche Phasen häufiger auf, oder dauern längere Zeit an (mehrere Monate im Jahr), so kann die Sprachentwicklung verzögert verlaufen.

Organische Voraussetzungen

Neben einem intakten Hörvermögen sind die organischen Gegebenheiten im Hals-Nasen-Rachenraum und Kehlkopf zu beachten. So wirken beim Sprechen drei Vorgänge zusammen: Atmung, Stimmgebung (Phonation) und Lautbildung (Artikulation). Die Ausatemluft wird im Kehlkopf in den Grundton umgesetzt. In den darüberliegenden Resonanzräumen (Nasen- und Rachenraum, Mundhöhle) bekommt der Grundton seinen individuellen Klang. Gaumensegel, Zunge, Lippen und Kiefer müssen eine ganz bestimmte Stellung einnehmen, um einen Laut exakt zu bilden (Artikulation). Bei einer Lautfolge (Wort) muss dieses so fein abgestimmte Zusammenwirken der Muskeln – für jeden Laut neu – schnell und präzise erfolgen. Ein langer Lernvorgang ist erforderlich, bis aus einzelnen Lauten die mühelose und unbewusste Artikulation eines Wortes entsteht.

Für jeden Laut wird ein bestimmtes Bewegungsmuster gespeichert, zunächst unabhängig davon, ob ein Laut richtig oder falsch gebildet wird. Im Hör-Sprach-Regelkreis erfolgt die ständige Korrektur des Bewegungsablaufes, bis das auditive Ergebnis mit dem Vorbild der Umwelt als gleich empfunden wird. Dann wird der Bewegungsablauf als „richtig" gespeichert und im Sprechablauf ohne weitere Aufmerksamkeit eingesetzt.

Die Motorik

Unter Motorik verstehen wir alle willkürlichen Bewegungsvorgänge, welche die Stellung und den Spannungszustand des Bewegungsapparates und damit das Muskelsystem verändern. Wir unterscheiden:

Grobmotorik: zur Grobmotorik gehören alle gesamtkörperlichen Bewegungen, z. B. Laufen, Klettern, Hüpfen, Dreirad oder Roller fahren, balancieren, mit einem Ball spielen.

Feinmotorik: diese zeigt sich in den dosierten und fein abgestimmten Bewegungen vor allem der Finger und der Hände, z. B. Falten, Schneiden, Perlen auffädeln, Malen, Kleben.

Mundmotorik: zur Mundmotorik gehören alle Bewegungen der Zunge, der Lippen, des Unterkiefers und der Wangen, die zum Sprechen und zur Nahrungsaufnahme von Bedeutung sind.

Das Sprechen erfordert in besonderem Maße eine gut entwickelte Fein- und Mundmotorik und eine gute Eigenwahrnehmung. Die Lautbildung (Artikulation) ist an einen bestimmten motorischen Bewegungsablauf gebunden. Jede Beeinträchtigung der motorischen Entwicklung kann sich auf die Sprachentwicklung auswirken. Die Muskelgeschicklichkeit und Wahrnehmung von Stellung und Bewegung der Sprechorgane bildet sich bereits in der Zeit der Lallperioden, in denen der Säugling die verschiedensten Laute formt und wird im Verlauf der Sprachentwicklung immer weiter verfeinert. Der Säugling übt das Zusammenspiel der am Sprechvorgang beteiligten Muskelgruppen durch das Lallen und die Nahrungsaufnahme (Saugen, Schlucken, später auch durch das Kauen).

Neben der Ausbildung der mundmotorischen Geschicklichkeit ist die Entwicklung der Grob- und Feinmotorik von Bedeutung. Auf die Entwicklung der Grob- und Feinmotorik wird in diesem Buch nicht weiter eingegangen, Hinweise zur allgemeinen Förderung finden sich in Teil III, Seite 83 ff.

Die Wahrnehmung

Wahrnehmung bedeutet das Erfassen und Aufnehmen von Umweltreizen. Alle dem Umfeld entnommenen Sinneseindrücke werden in einem weiteren Prozess im Gehirn zusammengeführt und verarbeitet (Integration). Das Kind sammelt Umwelterfahrungen und somit Sinneseindrücke verschiedener Bereiche in erster Linie durch das Spiel. Seiner Entwicklungsstufe angepasst sucht es sich in der Regel jeweils Materialien oder Gegenstände, durch die die verschiedenen Wahrnehmungssysteme immer wieder angesprochen werden. Wir unterscheiden folgende Wahrnehmungsbereiche:

Visuelle Wahrnehmung: Aufnehmen und Verarbeiten der über das Auge aufgenommenen Eindrücke, so lernt das Kind z. B. die Sprechbewegungen auch visuell zu erfassen, um seine eigene Artikulation dem Vorbild anzupassen.

Auditive Wahrnehmung: Aufnehmen und Verarbeiten von Höreindrücken (Geräusche, Klänge, Sprache).

Taktil-kinästhetische Wahrnehmung: Aufnehmen und Verarbeiten von Berührungsempfindung (z. B. weich, warm, hart, glatt) und Körperbewegungen. So steckt das Kleinkind alle Gegenstände in den Mund, um ihre Beschaffenheit zu erfahren, bzw. ist ständig in Bewegung. Dazu gehören auch die Berührungs- und Bewegungsempfindungen der Artikulationsorgane und die Wahrnehmung für die Lage und den Spannungszustand der Sprechwerkzeuge (Zunge, Lippen, Kiefer, Gaumen).

Vestibuläres und propriozeptives System: Wahrnehmung von Beschleunigung sowie Stellung und Bewegung von Muskeln und Gelenken.

In Abbildung 2 sind die Wahrnehmungsbereiche als Rechteck dargestellt. Ihr Zusammenwirken erst ermöglicht die Ausbildung der Fähigkeiten, die im Kreisinneren genannt sind. Sie sind die Grundlage für die intellektuelle, soziale und persönliche Entwicklung des Kindes, die es nur durch ausgiebiges Sichbewegen und Spielen erfahren kann.

Die Wahrnehmung und Verarbeitung der Umweltreize geschieht in den genannten Bereichen gleichzeitig, sie ist nur schwer zu differenzieren. Ist jedoch ein Bereich gestört, so kann sich die gesamte Entwicklung verzögern. Die Förderung/Therapie muss zunächst den verzögert entwickelten Wahrnehmungsbereich berücksichtigen, bevor Sprache und Sprechfertigkeit im Mittelpunkt der Therapie stehen können.

Das Sprachverständnis

In der zeitlichen Entwicklung, noch vor der aktiven Benutzung der Sprache, entsteht das Sprachverständnis. Das Kind lernt, dass ein Wort stellvertretend für einen Gegenstand bzw. eine Handlung stehen kann. Mit ca. 9 Monaten ist das Kind in der Lage, neben dem Spiel mit dem Gegenstand das dazugehörige Wort aufzunehmen und zu speichern. Mit der Zeit kann das Wort den Gegenstand ersetzen.

Das Kind hat dann ein inneres Bild aufgebaut, d. h. eine Vorstellung zu den Gegenständen, zu denen jeweils Merkmale gespeichert werden (z. B. Ball – rund – rollt – werfen etc.). Mit der Zeit ordnet das Kind jedem Gegenstand immer mehr Merkmale zu. Nun wird durch das Wort allein die Vorstellung genauso hervorgerufen wie durch den Gegenstand selbst.

Im Lauf der Zeit werden immer mehr Substantive – später auch Verben und Adjektive – gelernt und differenziert.

Über das innere Bild entwickelt sich auch das Rollenspiel und das Symbolspiel, das über längere Zeit und im gedanklichen Austausch mit anderen gespielt und gemeinsam verändert werden kann.

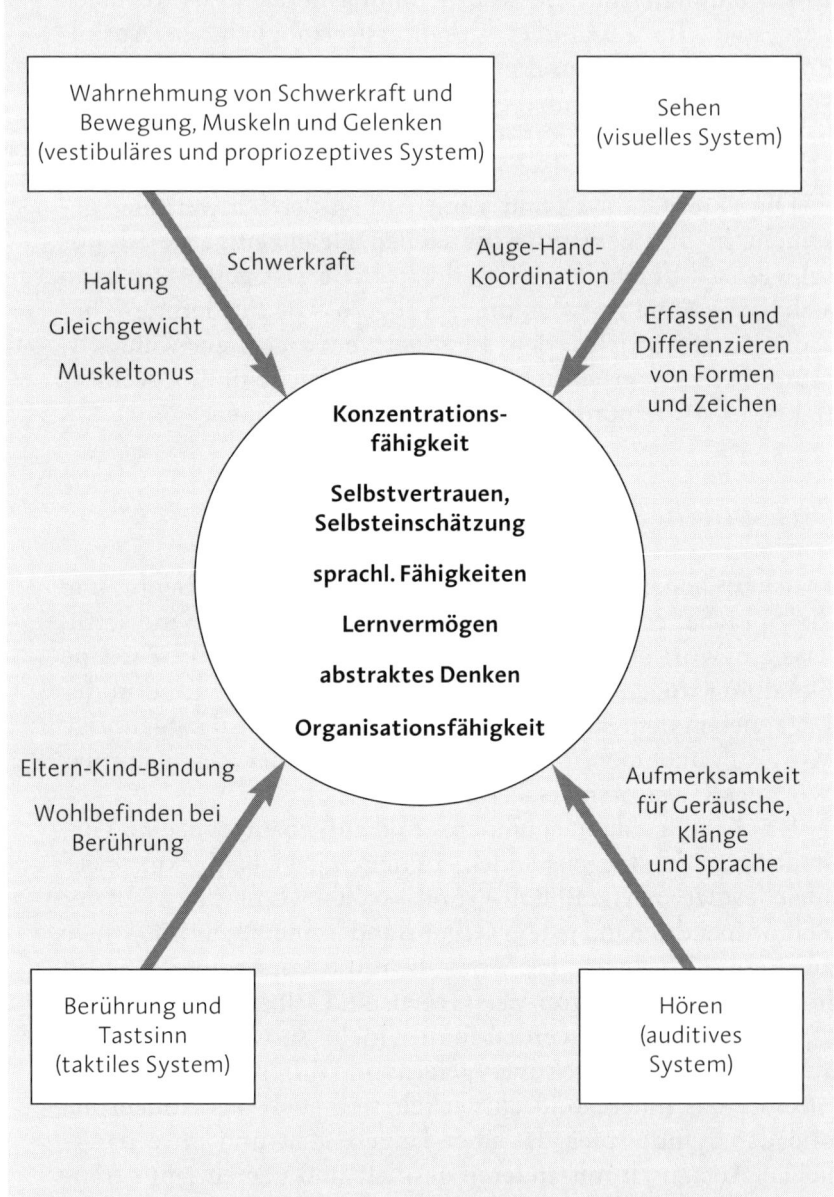

▲ **Abb. 2:** Zusammenwirken der Wahrnehmungsbereiche

Die Sprechfreude

Der Sprechantrieb und die Sprechfreude haben einen erheblichen Einfluss auf die Sprachentwicklung des Kindes. Die ersten Anzeichen von Sprechantrieb zeigen sich bereits ab dem 3. Lebensmonat beim Lallen. Kinder führen oft lange „Lallmonologe", die in den ersten 6 Lebensmonaten von der Freude an den Bewegungen und dem Spiel mit den Sprechwerkzeugen (Lippen, Zunge, Gaumen, Kiefer) und dem Speichel aufrecht erhalten werden.

Im 2. Lebenshalbjahr tritt die auditive Aufmerksamkeit und damit die Freude an der eigenen Lautproduktion mehr in den Vordergrund. Die Kinder plappern dann, weil sie sich selbst gern hören.

Beide Phasen werden unterstützt durch die Zuwendung, die die Kinder erhalten, indem Eltern/Geschwister ihre Äußerungen wiederholen, aufgreifen, leicht variieren und so erste „Gespräche" als Spiel und als Mittel der Kontaktaufnahme und Kommunikation verstärken.

Das sprachliche Vorbild

Die Sprachentwicklung ist auch ein Prozess des Lernens durch Nachahmung. Der Weg in die Sprachgemeinschaft gelingt dem Kleinkind durch ständige Anregungen und eigenes Ausprobieren, so wie auch andere Fähigkeiten wie z. B. Turm bauen/ Knöpfe zumachen durch Nachahmung und eigenes Ausprobieren erlernt werden. Die nächsten Bezugspersonen des Kindes und damit auch das wichtigste (Sprach-)Vorbild sind in der Regel die Eltern. Die Sprache der Eltern hört das Kind zuerst und während der sprachsensiblen Phase (9.–36. Monat) in der Regel am häufigsten. Das Erlernen der Sprache wird somit von der Eltern-Kind-Beziehung und dem sprachlichen Vorbild beeinflusst. Nähere Ausführungen zum Sprachverhalten finden sich in Teil III, Seite 69 ff).

Die Umweltbedingungen

Für die Entwicklung der Sprache ist die Umwelt, d.h. die sozialen und kulturellen Bedingungen, unter denen ein Kind aufwächst, von großer Bedeutung. Lernen von Sprache vollzieht sich in der Auseinandersetzung mit der Umwelt, zu der auch alle Personen gehören, die mit dem Kind in Beziehung stehen. Die Eltern-Kind-Beziehung ist für die Gesamtentwicklung in den ersten Lebensjahren des Kindes besonders wichtig. Das Kind braucht das Gefühl der Geborgenheit und Liebe und guten Kontakt zu den nächsten Bezugspersonen. In den ersten Lebensmonaten lässt sich die sprachliche Zuwendung gut mit der Pflege des Säuglings verbinden. Wenn Sie es wickeln, können Sie z. B. sagen: „So, jetzt bekommst du eine neue Windel. – Jetzt bist du wieder trocken und wirst schön schlafen!". Natürlich versteht das Kind nicht den Sinn der Worte, nimmt aber Tonfall und Klang Ihrer Stimme auf und erfährt so Angenommensein und Zuwendung.

Das Spiel

Spielen bedeutet für ein Kind, sich aktiv mit seiner Umwelt auseinander zu setzen. Schon im Alter von ca. 4 Monaten beginnt es, neugierig nach Gegenständen zu greifen und diese in den Mund zu stecken und erfährt so im Lauf der Zeit, dass es sie sehen, hören, riechen, schmecken und ertasten kann.

Begreifbar werden Gegenstände und ihre Funktion für das Kind erst durch eigenes Hantieren mit verschiedenen Dingen. Die einzelnen Erfahrungen speichert das Kind und kann sie dann mit anderen Erfahrungen vergleichen und auch auf andere Situationen übertragen.

Jede eigene Entdeckung ist eine intensivere Erfahrung und wird besser gespeichert als alles, was die Eltern dem Kind zeigen. Trotzdem können die Eltern Situationen aufgreifen, um mit dem Kind gemeinsam Gegenstände, Tiere oder Zusammenhänge zu entdecken.

Das Spiel ist für das Kind eine wichtige, oft sehr konzentrierte Tätigkeit und sollte daher nicht ohne besonderen Grund unterbrochen oder gestört werden.

Im Verlauf der Entwicklung ahmt das Kind Handlungen nach, variiert diese im Rollenspiel und probiert Möglichkeiten aus, um Konflikte zu lösen oder komplexe Begebenheiten zu erfassen.

Noch im Schulalter erfährt das Kind spielend seine Umwelt und verarbeitet Erfahrungen mit seiner Umwelt und mit anderen Menschen in Spielsequenzen.

2 Verlauf der Sprachentwicklung

Die folgende Beschreibung der Sprachentwicklung für die einzelnen Altersstufen bietet Eltern und ErzieherInnen eine Orientierungsgrundlage, um einschätzen zu können, ob die Sprachentwicklung des Kindes altersgemäß verläuft.

Zu jedem Lebensjahr werden neben den Angaben zur sprachlichen Entwicklung andere wichtige Entwicklungsschritte genannt. Die Angaben sind Anhaltspunkte, da die allgemeine und auch die sprachliche Entwicklung je nach Voraussetzung und äußeren Einflüssen individuell schwanken können. Zur Übersicht haben wir die sprachliche Entwicklung in einer Tabelle dargestellt (siehe Seite 46).

Die entscheidende Zeit für die Sprachentwicklung sind die ersten vier Lebensjahre des Kindes. Die Zeit zwischen dem 9. und 36. Lebensmonat bezeichnet man auch als die „sensible Phase für die Sprachentwicklung". In dieser Zeit werden wichtige Informationen wahrgenommen und gespeichert, die für die weitere sprachliche Entwicklung von besonderer Bedeutung sind.

Detailliert wird die Sprachentwicklung hier bis zum 5. Lebensjahr beschrieben. In diesem Alter kann ein Kind seine Gedanken und Wünsche in sprachlich korrekter Form ausdrücken. Trotzdem entwickeln sich die sprachlichen Fähigkeiten weiter, d. h. Ausdrucksfähigkeit, Wortschatz und Sprachstil/sprachliche Gestaltungsfähigkeit bilden sich individuell auch im Schulalter noch aus.

Das erste Lebensjahr – Erstes Halbjahr

Sprachproduktion

In den ersten Wochen und Monaten ist das Schreien für den Säugling die einzige Möglichkeit, sich der Umwelt bemerkbar zu machen und seine Bedürfnisse zu zeigen. Er schreit, wenn er hungrig ist, sich unwohl fühlt, Schmerzen hat oder Zuwendung sucht. Beim Schreien ist der Stimmeinsatz hart oder gepresst. Ist der Säugling zufrieden, haben seine Lautierungen weiche Stimmeinsätze. Schon nach einigen Wochen lässt sich an der Art des Schreiens bzw. der Modulation der Stimme unterscheiden, ob der Säugling zufrieden ist, ob ihn etwas bedrängt oder ob er etwas möchte.

Bereits ab der 6. Lebenswoche wird die Beweglichkeit der Sprechorgane (Zunge, Lippen, Gaumen, Kiefer) in spielerischer und zunächst absichtsloser Weise trainiert (Lallen). Den Antrieb dazu gibt die Freude an der Bewegung, die auch bei gesamtkörperlichen Bewegungen (z. B. Strampeln) deutlich wird. Das Lallen und Spielen mit Speichel ist eine lustvolle Tätigkeit für den Säugling. Auf dem Rücken liegend bildet er z. B. lange Re-Re-Re-Silbenketten mit fast gurgelähnlichen Lauten, sogenannte Lallmonologe.

Schon im 2. Lebensmonat werden die Lautierungen vielfältiger. Im 4. Lebensmonat juchzen viele Säuglinge laut mit plötzlichem Wechsel der Stimmlage. Die gebildeten Silbenketten werden gegen Ende des 5. Lebensmonats immer rhythmischer. Die in dieser Zeit gebildeten Laute können auch sehr fremdartig klingen und beinhalten nicht nur Laute aus der jeweiligen Muttersprache.

Diese sogenannte Lallperiode ist ein wichtiger Meilenstein auf dem Weg des Sprechenlernens.

Sprachverständnis

Kinder sammeln Erfahrungen durch das Erkunden von Gegenständen und Erfahrungen im Kontakt mit Personen (Blickkontakt, Lächeln, Zuspruch), die wiederum wichtig sind für die Entwicklung des Sprachverständnisses.

Allgemeine Entwicklung

Im 3. Lebensmonat beginnt der Säugling mit seinen Fingern und Händen in Mittelstellung zu spielen, verfolgt einen Gegenstand mit den Augen und wendet seinen Kopf zu der Seite, von der er ein Geräusch gehört hat.

Im 4./5. Lebensmonat spielt das Kind mit beiden Händen mit Gegenständen, die es auch in Mittelstellung führen kann, verliert diese jedoch oft auch wieder. Es steckt fast alles in den Mund, um die Beschaffenheit der Gegenstände zu erfahren.

Das erste Lebensjahr – Zweites Halbjahr

Sprachproduktion

Die größte Veränderung im Vergleich zum ersten Halbjahr besteht darin, dass die Lallsilben jetzt nicht mehr nur aus Freude an der Bewegung gebildet werden, sondern dass der Säugling seinen Lautproduktionen selbst aufmerksam zuhört und versucht, ihm angenehme Laute und Silben vermehrt zu bilden. Neu in dieser Phase ist ebenfalls die Fremdwahrnehmung, d.h. der Säugling hört auf die Laut- und Silbenproduktionen seiner Bezugspersonen und versucht, diese nachzuahmen. So kommt es, dass die Laute der jeweiligen Muttersprache immer ähnlicher werden.

Wenn das Kind in diesem Alter plötzlich wesentlich weniger Lautierungen bildet oder ganz aufhört, kann dies ein Hinweis auf eine **Hörstörung** sein. Sollte dieser Verdacht bestehen, ist eine Abklärung durch einen Facharzt unbedingt wichtig.

Im 6./7. Lebensmonat treten die rhythmischen Elemente mehr in den Vordergrund. Bedingt durch die auditive Kontrolle kommen andere sprachliche Gestaltungsmittel wie Lautstärke und Tonhöhe, Betonung und Pausen wie in einem normalen Gespräch, hinzu. Daher werden diese Äußerungen jetzt auch als „Plaudern" bezeichnet. In dieser Zeit haben die Kinder besondere Freude am Singen und an Musik.

Gegen Ende des 8. Lebensmonats bildet der Säugling die Laute auch ohne Stimmgebung, d. h. er kann flüstern.

Im 9. und 10. Lebensmonat tauchen Silbenverdoppelungen auf, die zunächst ohne Sinnbezug sind, auch wenn in dieser Phase durchaus Mama, Papa, dada, u. ä. zu hören sind. Neben dem Hören sind das Sehen und Fühlen (visuelle und taktile Wahrnehmung) bei den ersten Sprechversuchen des Kindes mit einbezogen. Es achtet auf das Mienenspiel des Sprechers und sieht auf den Mund, steckt gern seine Finger in den Mund des Sprechers und versucht, die Bewegungen zu ertasten (vgl. auch Teil III, Seite 72).

Gegen Ende des 10. Lebensmonats können auch einfache Lautmuster nachgeahmt werden. Durch entsprechende Reaktion der Umwelt werden bestimmte Silben vermehrt wiederholt und schließlich auch mit Sinnbezug gesprochen.

Mit etwa 1 Jahr werden erste einfache Worte gesprochen, die noch nicht immer richtig artikuliert werden, aber schon einen eindeutigen Sinnbezug haben (z. B. „Tette" für Treppe, „Aauoo" für Hallo), oft benennt das Kind in dieser Zeit einen Gegenstand mit der dazugehörigen Handlung (z. B. „brumm-brumm" für das Auto, „wau-wau" für den Hund).

Zusätzlich werden die Sprechwerkzeuge in dieser Zeit durch das Kauen und die dazu nötigen Lippen-, Zungen- und Kiefer-

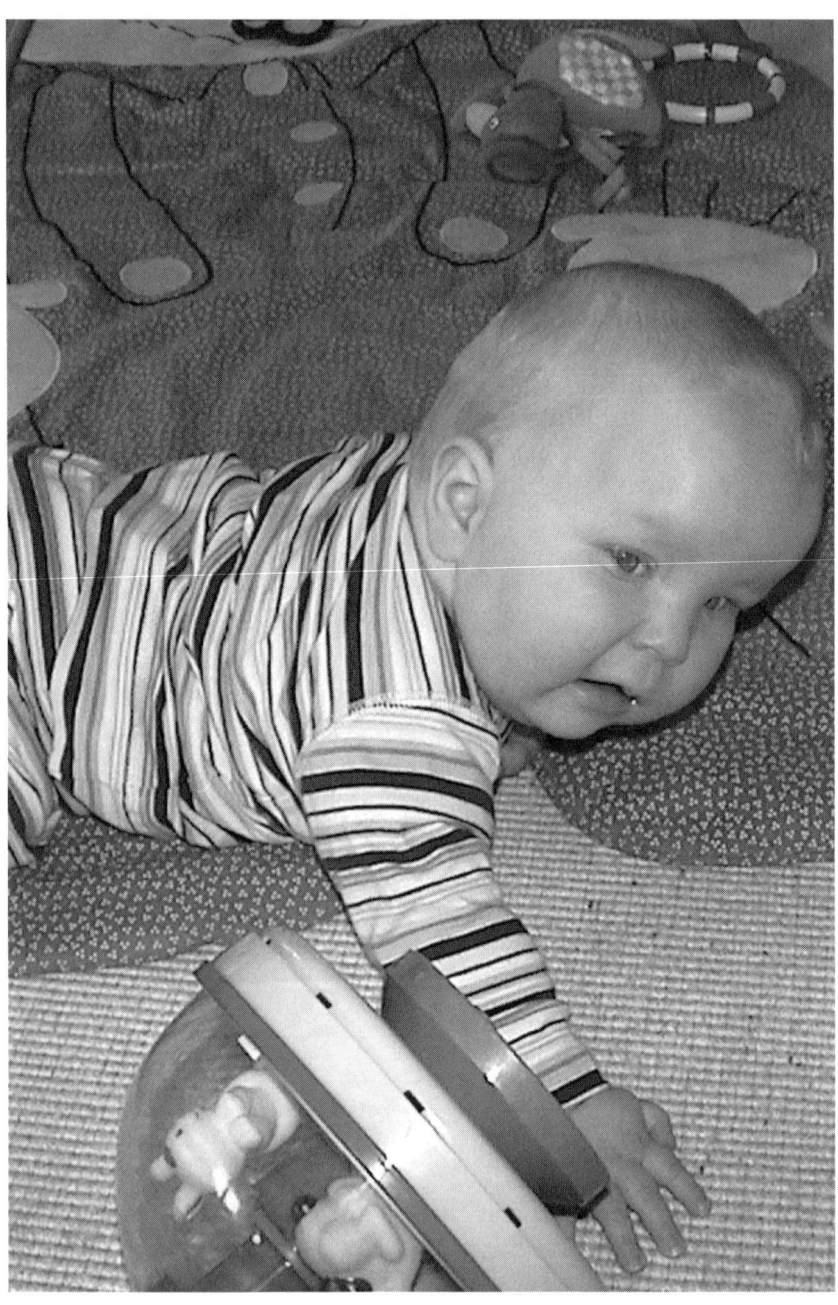

bewegungen geübt. Ein entsprechendes Angebot an fester Nahrung in dieser Zeit (z. B. Brotrinde, Möhren, Apfelstücke) ist daher wichtig.

Sprachverständnis

Etwa im 9. Lebensmonat beginnt die Entwicklung des Sprachverständnisses, dafür sind zwei Grundvoraussetzungen erforderlich:
Das Kind muss sich zunächst im Spiel mit den verschiedensten Gegenständen ausgiebig befasst haben, sie mit allen Sinnen erfahren und so bereits eine Vorstellung von der Beschaffenheit und Funktion des Gegenstandes gespeichert haben. Darüber hinaus hat es eine Beziehung zu anderen Menschen aufgebaut.
In den ersten Lebensmonaten kann das Kind sich nur auf eine Sache konzentrieren, spielt es z. B. mit einem Ball und wird dabei angesprochen, so verschiebt sich die Aufmerksamkeit des Kindes vom Gegenstand auf die Person. Entdeckt es dann einen weiteren Gegenstand, kann sich die Aufmerksamkeit auch wieder von der Person leicht auf den Gegenstand verschieben. Erst wenn das Kind beides gleichzeitig beachten kann, also z. B. den Ball sehen und die Person zur gleichen Zeit bemerken, die das Wort „Ball" spricht, kann das Kind den Wortklang mit dem Gegenstand koppeln und nach mehreren solcher Erfahrungen das Wort abrufbar speichern. Mit der Zeit kann auch das Wort allein alle gespeicherten Erfahrungen zu dem Gegenstand „Ball" hervorrufen, ohne dass der Ball sichtbar sein muss.
Das Kind baut sich jetzt schnell in oben beschriebener Weise einen großen Wortschatz auf, es versteht also immer schon viel mehr Worte als es selbst im Alltag anwendet (passiver Wortschatz).

Allgemeine Entwicklung

Im 7./8. Lebensmonat wird es mobiler, d. h. es kann sich von der Rückenlage auf den Bauch drehen und zurück. Spielt es mit Gegenständen, so wechselt es diese inzwischen von einer Hand in die andere und kann auch zwei Dinge gleichzeitig halten. Im 8./9. Lebensmonat sitzt es länger ohne unterstützende Hilfe und kann sich abstützen, wenn es das Gleichgewicht verliert. Es greift jetzt schon gezielter nach bestimmten Gegenständen.

Mit dem Krabbeln im 10./11. Lebensmonat wird das Kind mobiler, kann seine Umwelt in einem größeren Umkreis erforschen und lernt mit der Zeit, Entfernungen abzuschätzen. Fast gleichzeitig beginnt es, sich an Gegenständen hochzuziehen, kann sich jedoch noch nicht wieder alleine hinsetzen. Kleine Dinge (z. B. Krümel) greift es jetzt mit dem Pinzettengriff (Daumen und Zeigefinger).

Das zweite Lebensjahr – Erstes Halbjahr

Sprachproduktion

Im Verlauf des zweiten Lebensjahres beginnt das Kind, seinen aktiven Wortschatz aufzubauen. Viele Wörter werden zwar noch nicht korrekt artikuliert (z. B. Ba = Ball, Mimi = Milch), doch die nächsten Bezugspersonen verstehen meist den Sinngehalt.

Das charakteristische Merkmal dieser Entwicklungsphase ist der „Einwortsatz". Ein Wort nimmt für das Kind die Aussagekraft eines ganzen Satzes ein. Seine Bedeutung erhält der Einwortsatz durch den unterschiedlichen Tonfall, die Modulation der Stimme und begleitende Gestik und Mimik, so dass ein Wort durch unterschiedliche Stimmführung z. B. die Bedeutung eines Aussage- oder eines Fragesatzes bekommen kann.

Beispiele:

Äußerung des Kindes		Bedeutung
Teddy?	=	Wo ist mein Teddy?
Teddy	=	Da ist mein Teddy.

Es ist wichtig, dem Kind durch sprachliche Rückmeldung zu zeigen, dass man verstanden hat, was es meint. Zudem hat es so die Möglichkeit, seine Ausdrucksfähigkeit allmählich zu verändern und zu erweitern (siehe auch Teil III, Seite 75 ff).

Beispiel:

Äußerung des Kindes		Rückmeldung durch die Eltern
Tu?	=	Wo sind deine Schuhe?
Tu.	=	Ja, da sind deine Schuhe.

In dieser Entwicklungsphase benutzt das Kind häufig noch einen Begriff auch für alle ähnlichen Dinge. So wird z. B. das Wort „Auto" (oder „brumm") für alle Fahrzeuge gebraucht, auch der Traktor, die Straßenbahn oder der Kran werden zunächst so benannt. Abbildung 3 zeigt, wie das Kind die Begriffe im Lauf der Sprachentwicklung immer weiter differenziert. Oft haben die Kinder in Wortfeldern, die ihrem Interessengebiet besonders entsprechen (z. B. landwirtschaftliche Geräte/Tiere/Instrumente) einen besonders großen und ausdifferenzierten Wortschatz.

Mit 1 ½ Jahren beherrscht das Kind im Durchschnitt 25 Wörter.

Sprachverständnis

Neben einzelnen Worten versteht das Kind jetzt auch schon kurze Aufträge (z. B. Gib mir den Löffel) oder Fragen (z. B. Wo ist dein Teddy?). Es reagiert während des Spiels auf seinen Namen.

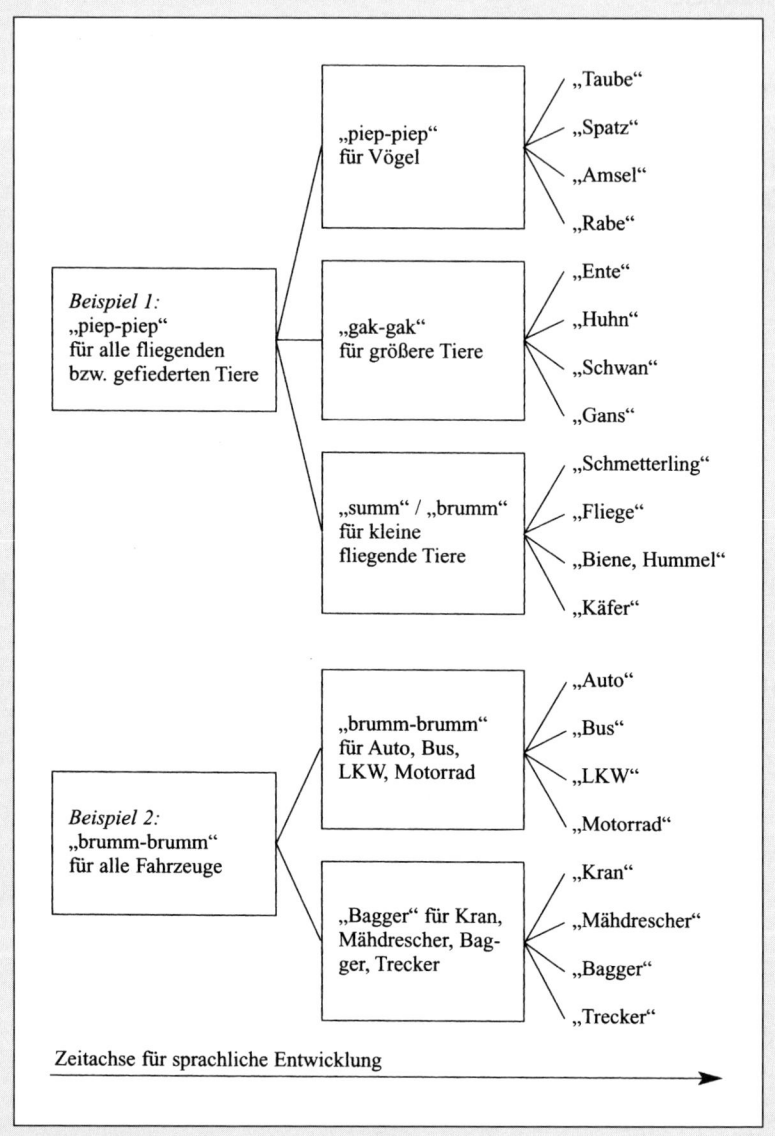

▲ **Abb. 3:** Differenzierung des Wortschatzes anhand von zwei Beispielen

Allgemeine Entwicklung

Mit 12–15 Monaten läuft das Kind die ersten Schritte allein. Beim Spielen zeigt sich erstes Erkennen für runde Formen (z. B. Steckbox).

Das zweite Lebensjahr – Zweites Halbjahr

Sprachproduktion

Mit Erweiterung der Erfahrungswelt des Kindes verknüpft es auch sprachlich Zusammenhänge. Das Kind beginnt im Zwei- und Dreiwortsatz zu sprechen, etwa „Auto haben" oder „da Auto". Im Verlauf der Entwicklung verbessern sich die sprachliche Ausdrucksfähigkeit mit steigender Satzlänge und die Verständlichkeit durch verbesserte Aussprache, so dass das Kind mit der Zeit sein Spiel immer ausführlicher sprachlich begleiten und seine Wünsche formulieren kann.

In dieser Entwicklungsphase liegt auch das erste Fragealter. Das Kind setzt sich verstärkt mit seiner Umgebung auseinander und erfragt dabei die Namen der Dinge, die es sieht: „Was ist das?" („Ist das?") – Oft stellt es dieselbe Frage mehrmals, um sich den Begriff auch gut einzuprägen. Zunächst sind dies Begriffe aus dem Alltag wie Spielsachen, Nahrungsmittel oder Haushaltsgegenstände. Später kommen dann auch abstrakte Begriffe hinzu.

Am Ende des zweiten Lebensjahres beträgt der Wortschatz bereits etwa 250 Wörter.

Sprachverständnis

Der passive Wortschatz des Kindes ist immer größer als der aktive Sprachgebrauch. Es versteht jetzt auch Fragen oder Aufträge, die nicht im Zusammenhang mit der momentanen Situation oder seiner augenblicklichen Spielhandlung stehen und zeigt situative oder sprachliche Reaktionen begleitet durch Mimik und Gestik, um diese umzusetzen (z. B. Auftrag „Hol deine Jacke", wenn alle anderen am Tisch sitzen und essen).

Allgemeine Entwicklung

Das Laufen wird immer sicherer, Formen-Erkennen gelingt jetzt auch bei Vierecken und später bei Dreiecken (z. B. Steckbox, Erste Puzzles).

Mit ca. 18 Monaten möchte es mehr und mehr alleine tun, so lernt es, ohne Hilfe mit dem Löffel zu essen und selbstständig aus einem Becher zu trinken.

Mit 18–24 Monaten hilft es immer mehr beim An- und Ausziehen. Treppen hinauf läuft es im Nachstellschritt und fasst dabei am Geländer an.

Es dreht Bilder richtig herum, wenn sie auf dem Kopf oder der Seite liegen.

Das dritte Lebensjahr – Erstes Halbjahr

Sprachproduktion

Artikulation: Zu Anfang des 3. Lebensjahres werden noch viele Laute fehlerhaft gebildet, schwierige Laute oder Lautverbindungen durch einfache ersetzt oder weggelassen. Diese Fehlbildungen werden als Stammeln oder Dyslalie bezeichnet (siehe Seite 51 f).

Oft beobachtet man ein Wechseln der Lautfehlbildungen, abhängig von der Länge und dem Schwierigkeitsgrad des Wortes, manchmal behalten Kinder früh erlernte Worte mit der fehlerhaften Bildung bei, obwohl sie den Laut inzwischen korrekt bilden können und diesen auch in anderen Worten einsetzen. In diesem Fall haben sie das Wort so als Bewegungsmuster gespeichert und achten nicht mehr auf die eigene Aussprache, während sie bei neu erlernten Worten die eigene Aussprache mehr mit dem auditiven Eindruck vergleichen.

Beispiel:
Sie behalten |paputt| bei, realisieren aber das |k| in Worten wie |Kamel| richtig.

Satzbau: Die Sätze werden durch die Verwendung von Fragewörtern, Tätigkeitswörtern und der Vergangenheitsform komplexer, auch wenn die grammatische Form nicht immer ganz korrekt ist. Die Sätze können die Verbindung zwischen anderen Personen und Gegenständen herstellen, Zeit und Ort können mit Hilfe der Sprache überschritten werden.

Beispiele:
Morgen besucht mich mein Freund.
Mama ist jetzt in der Stadt.
Jonas braucht ein neues Blatt zum Malen.

Wortschatz: In dieser Zeit nimmt der Wortschatz in großem Maße zu, das Kind bildet Wortneuschöpfungen aus ihm bekannten Worten z. B. „Backmann" für Bäcker.

Sprachverständnis

Das Kind kann absurde Äußerungen verstehen und zeigt dies durch Kopfschütteln, skeptischen Blick oder entsprechenden Kommentar an. Es kann Aufforderungen mit „NEIN" ablehnen.

Allgemeine Entwicklung

Erster Gebrauch des Ich. Das Einsetzen des Wortes „Ich" bedeutet, dass es auch als Persönlichkeit wächst, sich seiner Eigenständigkeit bewusst ist und mehr und mehr eigenen Willen entwickelt.

Im Spiel zeigen sich die ersten Handlungsfolgen, so wird z. B. die Puppe nicht nur in den Kinderwagen gelegt, sondern vorher auch noch ausgezogen und nachher hin- und hergeschoben. Das Ergebnis einer Spielhandlung bildet also den Ausgangspunkt für eine neue Spielhandlung. Dem Kind ist es möglich, Vorstellungen aufzubauen und Spielsituationen zu planen. Es spielt unter einem erdachten Thema (z. B. Wir bauen ein Schiff und fahren damit) und kann seine Ideen anderen mitteilen, so dass diese am Spiel teilhaben können. Durch dieses Spiel und das sprachliche Austauschen der Ideen differenzieren sich das Sprachverständnis, die sprachliche Ausdrucksfähigkeit und Aussprache weiter aus.

Sprache wird benutzt, um die Welt zu erobern und immer wieder neu zu sortieren und zu gliedern.

Die Kinder können Grundfarben zuordnen, Formen in eine Formbox stecken und beginnen damit, die Grundfarben zu benennen.

Sie wissen, dass man mit einer Schere schneiden kann, müssen aber noch nicht selbst schneiden können, oft wird eher gerissen, als tatsächlich mit der Schere geschnitten.

Sie nehmen Stifte nicht mehr nur mit dem Faustgriff, sondern stellen den Daumen den anderen Fingern gegenüber.

Flaschen oder Dosen werden aufgeschraubt, die Kinder zeigen dabei erste Anzeichen für eine dominante Hand. Die Dominanz kann in dieser Zeit noch wechseln, sollte jedoch nicht beeinflusst werden.

Die Kinder können sich Kleidungsstücke ausziehen, sich die Hände waschen und abtrocknen.

Sie gehen Treppenstufen im Nachstellschritt hinunter, hüpfen auf flachen Füßen und können Dreirad fahren.

Das dritte Lebensjahr – Zweites Halbjahr

Sprachproduktion

Artikulation: Die Aussprache wird zunehmend differenzierter in Bezug auf die Lautbildung und die Anordnung der Laute im Wort, vor allem bei längeren und zusammengesetzten Worten.

Beispiele:
Lade wird zu Sotolade
Bosine wird zu Bohrmasine

Satzbau: Das Kind benutzt Präpositionen, Personalpronomen und bildet vermehrt die Vergangenheitsform. Die Verben werden immer besser dem Subjekt angepasst und stehen immer häufiger an der richtigen Position im Satz. Fragen werden durch Umstellung der Worte im Satz gebildet.

Das zweite Fragealter setzt ein, jetzt steht die Warum-Frage im Vordergrund.

Das Kind kann Zusammenhänge auf Bildern beschreiben, Fragen beantworten und kurze Reime und Lieder auswendig lernen.

Es interessiert sich für seine Umgebung und möchte so viel wie möglich kennen lernen und verstehen. Es genügt ihm nicht mehr zu hören, dass der Mann dort drüben ein Schornsteinfeger ist, es möchte auch wissen, warum er schwarz ist, was er genau macht, warum er nicht vom Dach fällt, wohin er am Abend geht, ob er auch auf dem Dach schlafen und essen kann und so weiter.

Eltern oder ErzieherInnen sollten sich also bemühen, auch wenn es manchmal in der alltäglichen Betriebsamkeit schwer fällt, die Fragen des Kindes einfach, aber verständlich, also inhaltlich nicht zu kompliziert zu beantworten. Dabei erwirbt das Kind viel neues Wissen und lernt Zusammenhänge zu begreifen.

Wortschatz: Der Wortschatz ist stark angewachsen. Mit Ende des dritten Lebensjahres verfügt das Kind schon über 800 Wörter im Sprachgebrauch.

Die Kinder erkennen Einzelheiten und Zusammenhänge, können Eigenschaften benennen und so den Wortschatz weiter differenzieren. Die Überdehnungen, z. B. Auto für alle Fahrzeuge oder Kuh für alle großen Vierbeiner, nehmen mehr und mehr ab.

Sprachverständnis

Das Kind kann kurzen Bildgeschichten folgen, den Sinn verstehen und die Geschichte wiedergeben.

Allgemeine Entwicklung

Das Kind begleitet sein Spiel meist mit Sprache oder ahmt Geräusche nach, die im Spiel wichtig sind. Es spricht zu seinen Stofftieren und kommentiert seine Spielhandlungen.

Das Kind erkennt einen fehlerhaften oder kaputten Gegenstand, z. B. ein Auto, dem ein Reifen fehlt. Es gibt der eigenen Zeichnung eine Bedeutung, das heißt nicht, dass die Zeichnung auch für Außenstehende zu erkennen ist, aber das Kind hat eine klare Vorstellung von dem, was es gezeichnet hat oder zeichnen möchte.

Es kann beim Fahren mit dem Dreirad sofort anhalten oder die Richtung wechseln. Es kann Treppen im Wechselschritt hochgehen.

Das vierte Lebensjahr

Sprachproduktion

Artikulation: Gegen Ende des vierten Lebensjahres sollten die Kinder alle Laute korrekt aussprechen. Ausnahmen bilden das |sch|, |r|, |s| und einige Konsonantenverbindungen. In der Regel wird jedoch die Verbindung zweier Konsonanten realisiert.

Beispiele:
Blume, Kran, Trecker, ausgraben, hinbringen

Satzbau: In dieser Zeit beginnt das Kind, Haupt- und Nebensätze zu bilden, die Stellung der Worte im Satz ist jetzt meist richtig.

Beispiel:
Wenn ich nächste Woche vom Schwimmen komme, spiele ich noch mit Moritz.

Wortschatz: Auch im 4. Lebensjahr steigt der Wortschatz noch stark an und differenziert sich weiter. Abstrakte Begriffe wie Zeiten, Mengen und Gefühle werden in den aktiven Wortschatz aufgenommen und situationsgerecht eingesetzt.

Das Kind kann ein Gespräch über Dinge führen, die nicht unbedingt die aktuelle Situation betreffen (z. B. über den nächsten Tag, den bevorstehenden Urlaub sprechen oder den Kindergeburtstag mit planen).

Redefluss: Gerade in der Phase großen Wortschatzwachstums kommt es bei vielen Kindern zu Unterbrechungen des Redeflusses (physiologische Sprechunflüssigkeiten). Diese Sprechunflüssigkeiten klingen für den Zuhörer wie Stottern, es handelt sich dabei jedoch um Wiederholungen, die bei Kindern im Alter von ca. 2 ½ bis 5 Jahren als altersgemäß zu betrachten sind.

Das Kind möchte spontan und möglichst unverzüglich Umwelteindrücke, neu Entdecktes oder gerade Erlebtes erzählen. Oft sind dabei die Gedanken schneller als das motorische Geschick seiner Sprechwerkzeuge oder es findet nicht schnell genug die richtigen Worte, so dass es im Erzählfluss zu Silben-, Wort- oder Satzteilwiederholungen kommen kann.

Beispiele:
Vor-vor-vor-gestern habe ich das schon ge-ge-gesehen.
Wo wo wo ist der Bagger.
Ich ich ich komme doch gleich.
Auf dem auf dem Dach steht ein Mann.

Für Eltern/ErzieherInnen ist es oft schwer zu entscheiden, ob es sich um ein beginnendes Stottern oder um physiologische Unflüssigkeiten handelt. Abklärung und Beratung durch einen Fachmann/eine Fachfrau ist in jedem Fall sinnvoll. Die Eltern können über ihre Sorgen und Befürchtungen sprechen und bekommen Ratschläge für den Umgang mit dem sprachlich auffälligen Kind. Einige grundsätzlich zu beachtende Punkte haben wir in dem Teil III, Seite 75 ff dargestellt, auf das wir an dieser Stelle verweisen.

Sprachverständnis

Da das Kind Vorstellungen von Situationen und Gegenständen hat, kann es Spielhandlungen planen, für das Spiel notwendige Gegenstände suchen oder ähnliche Gegenstände als Ersatz nehmen.

Allgemeine Entwicklung

Das Kind kann gemeinsam mit anderen spielen, spielt also nicht mehr nur neben ihnen sein eigenes Spiel. Es kann anderen Kindern helfen und sie trösten.

Die Stifthaltung ist mit der eines Erwachsenen vergleichbar. Jetzt kann das Kind auch mit einer Schere schneiden, die geschnittenen Linien sind jedoch nicht immer gerade. Die Kinder können bekannte Gegenstände durch Tasten wiedererkennen. Das Kind kann sich selbstständig an- und ausziehen. Es kann einen großen Ball mit beiden Händen fangen und auf einer breiten Linie entlang balancieren.

Das fünfte Lebensjahr

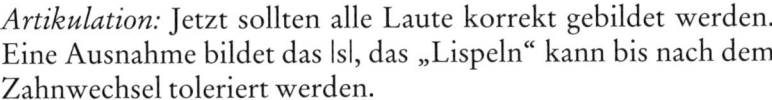

Sprachproduktion

Artikulation: Jetzt sollten alle Laute korrekt gebildet werden. Eine Ausnahme bildet das |s|, das „Lispeln" kann bis nach dem Zahnwechsel toleriert werden.

Satzbau: Der Satzbau ist korrekt, es kommt hin und wieder zu Unsicherheiten bei der Bildung komplexer Haupt-Nebensatz-Konstruktionen und der Perfektbildung.
Mit der Benutzung aller Fragewörter („wozu?", „weshalb?", „wohin?", „woher?", „wie kommt das?", „wie geht das?" und andere) sortieren die Kinder ihre Erlebnisse und ihr Wissen und erschließen sich so weitere Zusammenhänge.

Wortschatz: Das Kind nimmt weiter abstrakte Begriffe in seinen aktiven Wortschatz auf, z. B. vor – zurück, hinter – vor.

Redefluss: Siehe Beschreibung der physiologischen Unflüssigkeiten (4. Lebensjahr, Seite 41 f).

Sprachverständnis

Das Verständnis für komplexe Situationen und die Fähigkeit, diese Situationen zu beurteilen und sich eine eigene Meinung zu bilden, differenziert sich weiter.

Ein Erlebnis kann in sinnvoller Reihenfolge erzählt werden, so dass der Zuhörer es verstehen und verfolgen kann.

Allgemeine Entwicklung

Das Kind kann sich auch ohne Erwachsene in einer Kindergruppe zurecht finden und sich in eine Kindergartengruppe integrieren.

Es lernt, Spielregeln zu beachten, das Verlieren fällt oft noch schwer.

Die Grundfarben und Formen werden benannt.

Das Kind kann auf einem Bein stehen und auf beiden Beinen vorwärts hüpfen, es kann einen kleinen Ball mit beiden Händen fangen.

Ausblick

Sprachproduktion

Auch nach dem vierten Lebensjahr macht die sprachliche Entwicklung weitere Fortschritte. Das Kind ist nun in der Lage, Fragen der Erwachsenen verständlich und sinngemäß zu beantworten und selbst Fragen zu formulieren, es kann Gespräche führen, wenn sich der Gesprächspartner auf das Kind einstellt und eigene Erlebnisse schildern.

Die Lautbildung ist mit Ausnahme des |s|, |z|, |sch| soweit abgeschlossen, Satzbau und Grammatik weisen nur noch minimale Fehler auf, die gesprochenen Sätze sind länger geworden, und es werden Nebensätze gebildet. Die Benutzung der Passivkonstruktionen beginnt in der Regel erst mit 6 Jahren.

Bis zum Alter von $5^1/_2$ Jahren können beim spontanen Erzählen physiologische Unflüssigkeiten auftreten. Eine genauere Beschreibung findet sich im Teil II, Seite 58 f.

Sprachverständnis

Das Sprachverständnis ist soweit ausgebildet, dass es die notwendigen Bilder zu der gehörten Geschichte in seiner Vorstellung ergänzt.

Das Verstehen abstrakter Zusammenhänge (z. B. Sonnenfinsternis und Wetter) über die Sprache gelingt jedoch erst ab etwa 7–8 Jahren.

Allgemeine Entwicklung

Mit 6 Jahren ist die bevorzugte Hand eindeutig festgelegt.

Die Menge 5 wird simultan erfasst, auch dann, wenn die einzelnen Teile nicht so angeordnet sind, wie es die Kinder von der Menge 5 auf dem Würfel gewohnt sind.

Mit 6 Jahren kann das Kind die Richtungen rechts/links am eigenen Körper angeben und eine Schleife binden.

▼ **Tab1:** Die Sprachentwicklung – ein Überblick

Alter des Kindes	Sprachverständnis	Sprachproduktion
0–6 Monate		Lallen – aufrechterhalten durch Bewegungsfreude
7–12 Monate		Lallen – aufrechterhalten durch die Freude am Klang
9./10. Lebensmonat	erstes Verständnis für Worte	
1–1½ Jahre	versteht einfache Anweisungen	äußert erste sinnbezogene Worte
1½–2 Jahre		Bildung von 2- und 3-Wort-Sätzen; erstes Fragealter: Was?
2–3 Jahre	kann kurzen Bildgeschichten folgen; versteht Fragen und kann sie beantworten	spricht in ungeformten Mehrwortsätzen; zweites Fragealter: Warum?; benennt sich selbst mit „Ich"
3 Jahre		das Kind wird von Fremden gut verstanden
3–4 Jahre	erfasst komplexe Zusammenhänge; versteht Geschichten	stellt Fragen zum Erfassen von Gesamtzusammenhängen: Wozu? Weshalb? Wohin? Woher? Wie geht das?
4 Jahre		Lautbildung (Ausnahme Laut /s/) und Satzbau sollten unauffällig sein

Teil II

Die gestörte Sprachentwicklung

Um Verzögerungen oder Abweichungen in der Sprachentwicklung rechtzeitig zu bemerken, ist es wichtig, die Phasen und den Verlauf der Sprachentwicklung zu kennen (siehe Seite 26 ff), denn in dieser Zeitspanne liegen unter gewissen Voraussetzungen auch die Ursachen für eine verzögerte Entwicklung im vorsprachlichen oder sprachlichen Bereich.

Sind Sie als Eltern oder ErzieherInnen unsicher, ob sich ein Kind altersgerecht entwickelt, ist es in jedem Fall richtig, sich fachliche Beratung zu suchen. Die evtl. notwendige Förderung für eine regelgerechte Weiterentwicklung wird sonst versäumt. Erste Anzeichen einer verzögert verlaufenden Sprachentwicklung können sein:

- wenig Lallen im 1. Lebensjahr;
- spätes Sprechen erster sinnbezogener Wörter;
- verspätete Bildung von 2-Wort-Sätzen;
- kein Verständnis für Worte bzw. Aufträge ohne unterstützende Gestik/Mimik und ohne situativen Zusammenhang;
- Fragen werden auffallend häufig einfach mit /ja/ beantwortet, oder die Frage wird vom Kind wiederholt;
- keine längeren Sätze im Alter von 3 Jahren;
- Kind stellt wenig Fragen im Alter von 3–4 Jahren;
- für Fremde unverständliche Aussprache im Alter von 3 Jahren;
- verspätete allgemeine motorische Entwicklung;
- ungeschickte Feinmotorik;
- allgemeine motorische Unruhe;
- wenig Interesse an Bilderbüchern und Geschichten;
- das Kind beschreibt mehr die Spielhandlung im Rollenspiel, als selbst am Spiel sprachlich und handelnd teilzunehmen.

Je früher eine Störung erkannt wird, desto eher kann mit entsprechenden Maßnahmen gefördert werden, daher sind Früherfassung und Frühbehandlung sprachauffälliger Kinder besonders wichtig. Nur so können mögliche Folgeerscheinungen gering gehalten werden.

Störungen der Sprache, des Sprechens und der Stimme können sein:

- Störung in der Lautbildung und Lautgliederung (Stammeln/ Dyslalie);
- Störung der Satzbildung (Dysgrammatismus);
- verzögerte Sprachentwicklung mit eingeschränktem Sprachverständnis, Stammeln, Dysgrammatismus und eingeschränktem Wortschatz;
- Redeflussstörungen (Stottern, Poltern):
  Stottern: Unterbrechungen des Redeflusses durch Laut-, Silben-, Wort- und/oder Satzteilwiederholungen, Pausen und Lautdehnungen;
  Poltern: überhastetes, schnelles Sprechen mit nur wenigen Pausen, undeutliche Aussprache und ungeordnete Erzählweise in Bezug auf den Inhalt.
- Stimmstörungen: auffälliger Stimmklang (z.B. Heiserkeit) bedingt durch funktionelle oder organische Ursachen;
- Näseln:
  geschlossenes Näseln: bei den Nasalen (m, n, ng) entweicht die Luft nicht wie im Regelfall durch die Nase, sondern durch den Mund („Stockschnupfensprache"); oft mit Störung des Stimmklanges;
  offenes Näseln: bei allen Lauten entweicht zu viel Luft durch die Nase anstatt durch den Mund, so dass Lautbildung und Stimmklang auffällig sind.
- myofunktionelle Störungen: Störungen des muskulären Gleichgewichts der am Schluck- und Sprechvorgang beteiligten Muskeln mit Beeinträchtigung der Zahnstellung und oft auch der Lautbildung.

1 Das Stammeln/Dyslalie

Unter Stammeln oder Dyslalie versteht man eine Störung der Aussprache, die die Lautbildung (Artikulation) betrifft. Stammeln ist also die Unfähigkeit, bestimmte Laute oder Lautverbindungen korrekt zu bilden oder sie an der entsprechenden Stelle im Wort bzw. Satz einzusetzen. Gegen Ende seines 4. Lebensjahres sollte das Kind alle Laute und Lautverbindungen korrekt bilden und beim Erzählen einsetzen können. Eine Ausnahme bilden die Laute /S/, /Z/ und /X/, die oft noch bis über den Zahnwechsel der Schneidezähne hinaus falsch gebildet werden (Lispeln). Eine Behandlung ist in diesem Fall erst nach dem Zahnwechsel im Frontzahnbereich sinnvoll.

Fehlerarten

- Ein schwieriger Laut wird ausgelassen. Beispiel: Ahne statt Fahne, dei statt drei.

- Ein schwieriger Laut wird durch einen anderen ersetzt. Beispiel: Vodel statt Vogel, Tuttut statt Kuckuck, Sule statt Schule.

- In Lautverbindungen wird einer der beiden Konsonanten (häufig der zweite) weggelassen oder die Lautverbindung wird durch einen anderen Laut ersetzt. Beispiel: tinken statt trinken, Bille statt Brille, Fein statt Schwein.

- Die Laute werden falsch gebildet, d. h. die Stellung von Zunge, Lippen und Kiefer entspricht nicht der korrekten Artikulationsstellung. Beispiel: Lispeln, bei der Bildung der Laute S/Z schiebt sich die Zungenspitze zwischen den Zahnreihen nach vorne.

Einteilung

- leichtes (partielles) Stammeln, d. h. nur 1–2 Laute werden fehlgebildet, für Fremde bleibt die Sprache des Kindes trotzdem noch gut verständlich. Beispiel: Schotolade, Luftallon
- mittleres (multiples) Stammeln, d. h. mehrere Laute/Lautverbindungen werden fehlgebildet, für Fremde ist die Sprache des Kindes schwer verständlich. Beispiel: Sotolate, Luttagon
- schweres (universelles) Stammeln, d. h. fast alle Laute/Lautverbindungen sind betroffen, die Sprache ist nicht verständlich. Beispiel: Sodonane, Uttanon
- Vokalsprache, d. h. das Kind spricht völlig ohne Konsonanten und benutzt nur Vokale. Beispiel: ooae, uaou

Mögliche Ursachen

- Hörstörungen
  Bei eingeschränktem Hörvermögen kann das Kind, je nach Schweregrad der Hörstörung, z. B. bei hochgradiger Schwerhörigkeit, die Laute nur über das Mundbild nachahmen oder bei einer leichten Einschränkung des Hörvermögens ähnlich klingende Laute nicht voneinander unterscheiden.
- Unterscheidungsschwäche für ähnlich klingende Laute bei intaktem Hörvermögen („phonematische Differenzierungsschwäche"). Beispiele: Kanne – Tanne, Nagel – Nadel
- Gaumenspalten, Kieferanomalien, fehlerhafte Zahnstellung
- verkürztes Zungenbändchen (selten für das Sprechenlernen hinderlich)
- eingeschränkte Mundmotorik
- ungenügendes sprachliches Vorbild
- mangelnde sprachliche Anregung
- familiäre Sprachanlageschwäche
- psychische Störung (z. B. „Klein-bleiben-Wollen")
- allgemeine Sprachentwicklungsverzögerung

2 Der Dysgrammatismus

Unter Dysgrammatismus versteht man das Unvermögen des Kindes, seine Gedanken, Wünsche und allgemeinen Mitteilungen in der gebräuchlichen grammatikalischen Satzform auszudrücken. Im Alter von 4 Jahren sollte das Kind grammatisch richtige Sätze bilden können. Komplexe grammatikalische Konstruktionen werden noch bis in die Schulzeit hinein gelernt. In der Mehrzahl der Fälle tritt der Dysgrammatismus nicht isoliert, sondern als Teilsymptom einer Sprachentwicklungsverzögerung auf.

Fehlerarten

- bei der Wortbeugung: „Ich möchte der Apfel essen." – „Der Junge ist hingefallt."
- bei der Wortstellung: „Das Eis ich möchte essen."
- bei der Artikelwahl: „Die Ball ist grün." – „Der Flasche ist leer."
- bei der Mehrzahlbildung: Esels, Apfeln
- Sätze sind unvollständig: „Auto kaputt ... Werkstatt fahren."

Einteilung

- schwerste Stufe (Agrammatismus): Das Kind beschränkt sich auf den 1-Wort-Satz, der erst durch Mienenspiel, Tonfall und Gestik verständlich wird.
- mittlere Stufe: Das Kind spricht in ungeordneten Mehrwortsätzen, oft noch von sich in der 3. Person und benutzt die Verben im Infinitiv. Beispiele: Thomas auch das haben. Blumen abreißt, Mama schimpfen!
- leichte Stufe: Das spontane Sprechen des Kindes enthält noch einige grammatikalische Fehler.

Mögliche Ursachen

- Hörstörungen
- Konzentrationsschwäche
- verkürzte Hörmerkspanne
- schlechtes Rhythmusempfinden
- ungenügendes sprachliches Vorbild
- mangelnde sprachliche Anregung
- familiäre Sprachanlageschwäche
- psychische Störung (z. B. „Klein-bleiben-Wollen")
- allgemeine Entwicklungsverzögerung
- allgemeine Sprachentwicklungsverzögerung

3 Die Sprachentwicklungsverzögerung

Wenn das Kind gegen Ende seines 2. Lebensjahres erst wenige sinnbezogene Worte spricht, kann es sich um eine Sprachentwicklungsverzögerung handeln. Einige Stufen der physiologischen Sprachentwicklung treten hier zu einem verspäteten Zeitpunkt auf, bleiben unvollständig oder fehlen ganz. Zum Teil erscheinen andere, nicht physiologische Phasen (z. B. beim Satzbau).

Verzögerte Sprachentwicklung bedeutet, dass das Kind in Bezug auf seine Sprach-/Sprechfähigkeit und oft auch in Bezug auf die Entwicklung seines Sprachverständnisses hinter der seiner Altersgruppe zurückgeblieben ist. Es sollten jedoch nicht nur die sprachlichen Aspekte betrachtet werden, sondern auch die allgemeine Entwicklung des Kindes und die Umweltbedingungen, unter denen das Kind aufwächst.

Mögliche Anzeichen zur frühen Erkennung einer Sprachentwicklungsverzögerung sind auf Seite 49 genannt. Die aufgeführten Anzeichen müssen nicht zwingend eine Sprachentwicklungsverzögerung nach sich ziehen. Sollten Sie als Eltern jedoch mehrere dieser Anzeichen beobachten, ist es ratsam, dies mit dem Kinderarzt zu besprechen und einen Beratungstermin mit der LogopädIn/SprachtherapeutIn zu vereinbaren. In folgenden Bereichen können Abweichungen von der normalen Entwicklung auftreten:

Abweichungen sprachlicher Leistungen

- Lautbildung: Stammeln/Dyslalie (siehe Seite 51 f)
- Grammatik: Dysgrammatismus (siehe Seite 53 f)
- Wortschatz: eingeschränkter aktiver und passiver Wortschatz
- Sprachverständnis: eingeschränktes Sprachverständnis beim Verstehen von Worten, Aufträgen und Geschichten
- sprachliche Gestaltung: fehlender kreativer Sprachgebrauch
- Kommunikationsverhalten: z. B. Blickkontakt, Zuhören

Abweichungen nichtsprachlicher Leistungen

- auditive Wahrnehmung: phonematische Differenzierungsschwäche eingeschränkte Hörmerkspanne (auditive Merkfähigkeit)
- visuelle Wahrnehmung: Unsicherheiten z. B. bei der Formerkennung oder der Auge-Hand-Koordination
- Motorik: eingeschränkte Körper-, Hand- und Mundmotorik
- kognitive Leistungen: Unsicherheiten bei vorsprachlichen Leistungen (Farben, Formen, Mengen)
- taktil-kinästhetische Wahrnehmung: eingeschränkte Wahrnehmung des Tast- und Lagesinns

Mögliche Ursachen

Selten lässt sich eine Ursache allein als Grund für die Sprachentwicklungsverzögerung festlegen. Meist ist es eine Vielzahl von Faktoren, die die verzögerte Sprachentwicklung des Kindes bedingt. Als mögliche Ursachen sind z. B. zu nennen:

- Hörstörungen
- frühkindliche Hirnschädigung (siehe Abbildung 4)
- Körperbehinderung oder geistige Behinderung
- Lippen-, Kiefer-, Gaumenspalten
- familiäre Sprachanlageschwäche
- mangelnde sprachliche Anregung
- motorische Unreife
- auditive, visuelle und kinästhetische Wahrnehmungsschwäche
- verkürzte Aufmerksamkeitsspanne
- ungünstiges soziales Umfeld
- mangelnde Umwelterfahrung durch Überbehütung

Bei der Sprachentwicklungsverzögerung kann sowohl die Sprache als gesamtes System als auch die Entwicklung anderer (nichtsprachlicher) Bereiche betroffen sein. Daraus ergibt sich, dass man die Förderung aller Bereiche berücksichtigen muss und nicht nur direkt an der Verbesserung sprachlicher Leistungen ansetzen kann.

4 Störungen des Redeflusses/Stottern

Im Verlauf der Sprachentwicklung kommt es bei vielen Kindern zu Unterbrechungen des Redeflusses. Der Zuhörer ordnet diese Auffälligkeiten meist der Sprachstörung Stottern zu. Bei Kindern im Alter von ca. 2 ½ bis 5 Jahren sind solche Wieder-

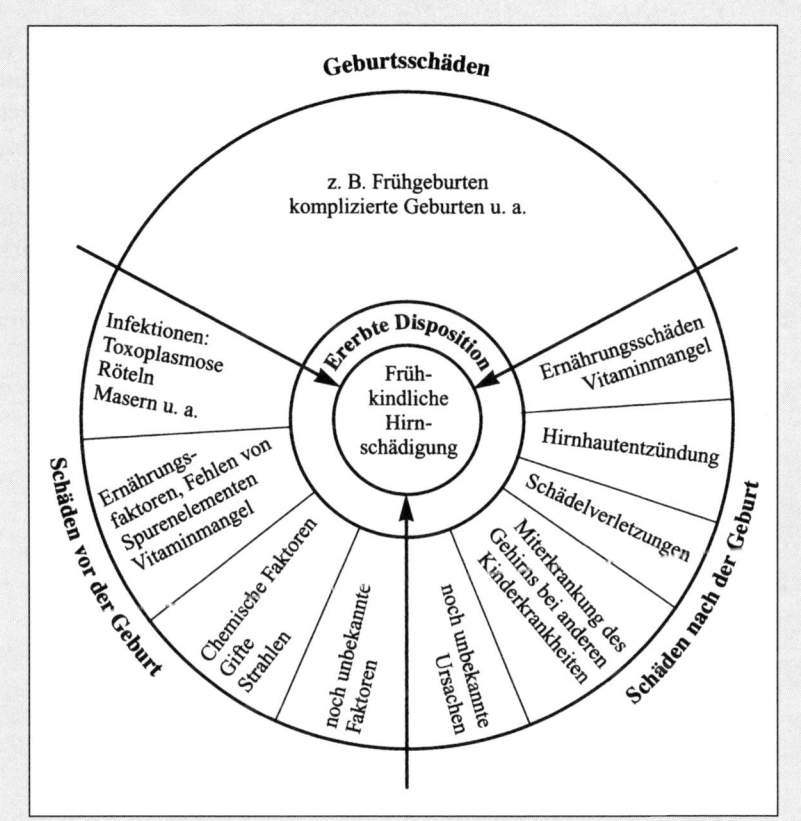

▲ **Abb. 4:** Ursachen frühkindlicher Hirnschädigungen (verändert nach Göllnitz 1954)

holungen/Unterbrechungen im Redefluss jedoch zunächst als „physiologische Sprechunflüssigkeit" zu sehen und sind somit keine Sprechstörung, auch wenn eine Ähnlichkeit zum Stottern besteht. Eine ausführliche Auseinandersetzung zu diesem Thema findet sich im Buch „Wenn ein Kind anfängt zu stottern" von Richter/Brügge/Mohs.

Physiologische Unflüssigkeiten

Das Kind möchte besonders in dieser Zeit der Entwicklung spontan und möglichst unverzüglich Umwelteindrücke, neu Entdecktes oder gerade Erlebtes mitteilen. Oft sind dabei seine Gedanken schneller als das motorische Geschick seiner Sprechwerkzeuge für den schnellen Wechsel bei der Lautbildung. Manchmal findet das Kind auch nicht schnell genug die richtigen Worte. So kommt es, dass im Erzählfluss Silben, Worte oder Satzteile wiederholt, Anfangsbuchstaben gedehnt werden oder Unterbrechungen durch Pausen entstehen.

Beispiele:

Silbenwiederholungen	Vor-vor-vor-gestern habe ich das schon ge-ge-gesehen.
Wortwiederholungen	Wo wo wo ist der Bagger. / Ich ich ich komme doch gleich.
Satzteilwiederholungen	Auf dem auf dem Dach steht ein Mann.
Dehnung von Anfangsbuchstaben	Aaaaaber heute möchte ich noch ein Eis essen.

In diesem Entwicklungszeitraum (2 1/2–5 Jahre) beginnen die Kinder immer mehr Dinge außerhalb ihres Elternhauses zu erleben. Der Mitteilungsdrang wird größer und die Erzählfähigkeit in Bezug auf Satzlänge und Wortwahl nimmt zu. Diese in der Entwicklung zuletzt gelernten Fähigkeiten stehen dem Kind noch nicht so sicher zur Verfügung, so dass sich bei Aufregung oder Ärger Unflüssigkeiten im Sprechablauf zeigen können.

Die Unflüssigkeiten können in beinahe jeder Äußerung vorkommen, über mehrere Wochen andauern, wieder verschwinden und auch nach einer längeren Phase des flüssigen Sprechens nochmals auftreten, ohne dass ein beginnendes Stottern vorliegen muss. Es kann sich allerdings ein beginnendes Stottern daraus entwickeln. Daher ist es wichtig, dass sich die Eltern sowohl im sprachlichen Kontakt, als auch im Umgang ihrem Kind gegenüber angemessen verhalten, um die Sprechfreude und Mitteilungsbereitschaft des Kindes zu erhalten und die auftretenden Unflüssigkeiten nicht zu verstärken (siehe Abbildung 5).

Beginnendes Stottern

Neben den Kindern, die physiologische Unflüssigkeiten zeigen, gibt es eine kleine Gruppe von Kindern, die aus verschiedenen Ursachen ein „echtes" beginnendes Stottern zeigen. Für Eltern/ErzieherInnen ist es oft schwer zu unterscheiden, ob es sich um ein beginnendes Stottern oder um physiologische Unflüssigkeiten handelt.

Bevor wir eine Beschreibung und Beispiele für beginnendes Stottern aufzeigen, möchten wir darauf hinweisen, dass eine Diagnostik und Beratung in jedem Fall durch einen Therapeuten getroffen werden sollte. Eltern, die sich unsicher sind, ob es sich bei den Unflüssigkeiten ihres Kindes um ein beginnendes Stottern handelt, sollten das in jedem Fall mit ihrem Kinderarzt besprechen und einen Beratungstermin mit einer LogopädIn/SprachtherapeutIn vereinbaren, um diese Fragen zu klären, evtl. weiteres Vorgehen zu besprechen und Beratung bzgl. ihres Sprachverhaltens gegenüber dem Kind zu bekommen.

Unter Stottern versteht man Unterbrechungen des Redeflusses. Das Kind kann in der Regel alle Laute und Wörter richtig aussprechen und auch den Satz richtig bilden, ist aber nicht immer in der Lage, flüssig zu sprechen. Es kommt zu mehr oder minder langen Unterbrechungen im Sprechablauf. Vereinzelt sind z. B. Mitbewegungen der Arme und Beine bzw. Anspannungen und Mitbewegungen im Gesichtsbereich zu bemerken.

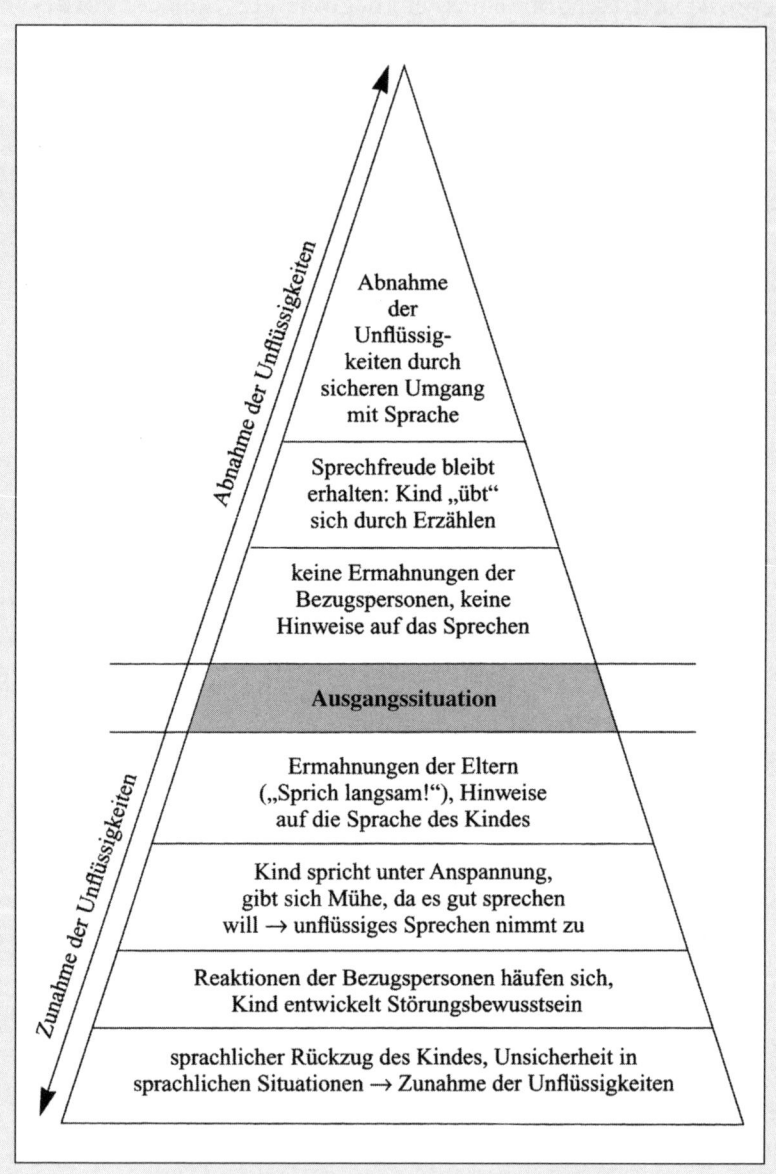

▲ **Abb. 5:** Beeinflussung des Sprechablaufes durch Umweltreaktionen

Anzeichen für beginnendes Stottern

- vermehrt nur Lautwiederholungen an Stelle von Silben-, Wort- und Satzteilwiederholungen; z.b. „Be Be Be Be Ball" (das /e/ bleibt dabei unbetont wie bei habe);

- häufigeres Auftreten der Wiederholungen in einem Wort; z.B. statt „Das habe ich ge-gebaut." nun „Das habe ich ge-ge-ge-gebaut."

- Anzeichen körperlicher Anspannung bei den Wiederholungen;

- verlängertes Dehnen einzelner Laute; z.B. „Eeeeeine lange Sch–––lange."

- Anzeichen körperlicher Anstrengung in den Pausen;

- Anspannungen im Mundbereich;

- Andauern der Unflüssigkeiten länger als 6 Monate;

- sprachlicher Rückzug des Kindes, d.h. es erzählt nicht mehr spontan und freudig oder bricht das Erzählen ab;

- allgemeiner (situativer) Rückzug, das Kind weicht Sprechsituationen aus und möchte z.B. nicht mehr Einkaufen, Besuch haben etc.

Die hier erwähnten Anzeichen müssen nicht alle gleichzeitig auftreten, können in ihrer Ausprägung und Deutlichkeit schwanken und sich im Tagesverlauf, je nach Situation, Verfassung des Kindes, Gesprächspartnern u.a. verändern.

Mögliche Ursachen

Obwohl schon lange nach den Ursachen für das Stottern geforscht wird, ist es bis heute nicht eindeutig geklärt, warum ein Kind anfängt zu stottern. Meist ist es, ähnlich wie bei der Sprachentwicklungsverzögerung ein Ursachenbündel, d.h. eine Vielzahl von Faktoren, die das Stottern bedingen und entstehen lassen. Wichtig ist – unabhängig von Ursachen und Entstehungsgeschichte – das Verhalten der Umwelt dem Kind gegenüber. Als mögliche Ursachen sind z. B. zu nennen:

- Sprachentwicklungsverzögerung
- sprachliche Gestaltungsschwäche
- familiäre Sprachanlageschwäche
- schlechtes Rhythmusempfinden

Positives und negatives Verhalten der Umwelt

Eltern/ErzieherInnen sollten sich sowohl sprachlich als auch nichtsprachlich im Gespräch mit dem Kind so verhalten, dass die Sprechfreude des Kindes erhalten bleibt und die auftretenden Unflüssigkeiten nicht verstärkt werden. Eine Beratung und evtl. Abklärung durch einen Therapeuten ist in jedem Fall sinnvoll. Die Eltern sollten bereits bei der Anmeldung/Terminabsprache berücksichtigen, dass es nicht sinnvoll ist, das Gespräch über die Sprechunflüssigkeiten im Beisein des Kindes zu führen.

In Tabelle 2 sind positive und negative Verhaltensweisen als Reaktion auf sprachliche Äußerungen des Kindes dargestellt. Die Eltern sollten auch andere, für das Kind wichtige Bezugspersonen (z. B. Großeltern, Freunde, ErzieherInnen), über die positiven und negativen Verhaltensweisen als Reaktion auf sprachliche Äußerungen des Kindes informieren.

Wir möchten nochmals darauf hinweisen, dass sich bei Kindern, die negative Reaktionen auf ihre Wiederholungen erfahren haben, die Sprechunflüssigkeiten in der Regel verstärken. Nach Ermahnungen und Hinweisen bemühen sich die Kinder, besonders „gut" zu sprechen. Indem sie besonders auf ihr Sprechen achten, „strengen sie sich an". Dies führt zu vermehrten Unflüssigkeiten, so dass die Unsicherheit des Kindes wächst. Es beginnt ein „Teufelskreis" aus: Sprechunflüssigkeit – Ermahnungen/Hinweisen – Anspannung – Zunahme der Sprechunflüssigkeiten (Abbildung 6), oder aber die Kinder ziehen sich

▼ **Tab. 2:** Positive und negative Reaktionen auf Sprechunflüssigkeiten

positiv	negativ
a) sprachlich	
gutes Sprachvorbild geben (Tempo/Deutlichkeit)	eigene unruhige, ungeduldige Sprechweise
Den Inhalt ernst nehmen, Interesse zeigen durch – Nachfragen, Zustimmen – aufmerksames Zuhören	Gespräche abblocken oder abbrechen/den Inhalt als unwichtig abtun
das Kind aussprechen lassen	das Kind unterbrechen/ wiederholen lassen
angenehmes Gesprächsklima schaffen durch freundlichen Umgangston	das Kind ermahnen ("Sprich langsam!")
fehlerhaftes Sprechen akzeptieren	das Kind verbessern/ auf Fehler hinweisen
verbessernde Rückmeldung geben	in Gegenwart des Kindes über seine Schwierigkeiten sprechen
b) nichtsprachlich	
Zeit haben für das Kind	Zeitdruck an das Kind weitergeben
Zuwendung zum Kind	ablehnende Körperhaltung/ kein Zuwenden zum Kind
Blickkontakt aufnehmen/ halten	Blickkontakt abbrechen
angenehmes Gesprächsklima durch – Ruhe im Gespräch – Körperkontakt (z. B. auf den Schoß nehmen) – freundlichen Umgang mit dem Kind	durch Mimik/Gestik, Erstaunen oder Ablehnung bei Unflüssig-keiten zum Ausdruck bringen das Kind wegen seiner Sprech-auffälligkeit benachteiligen oder bevorzugen

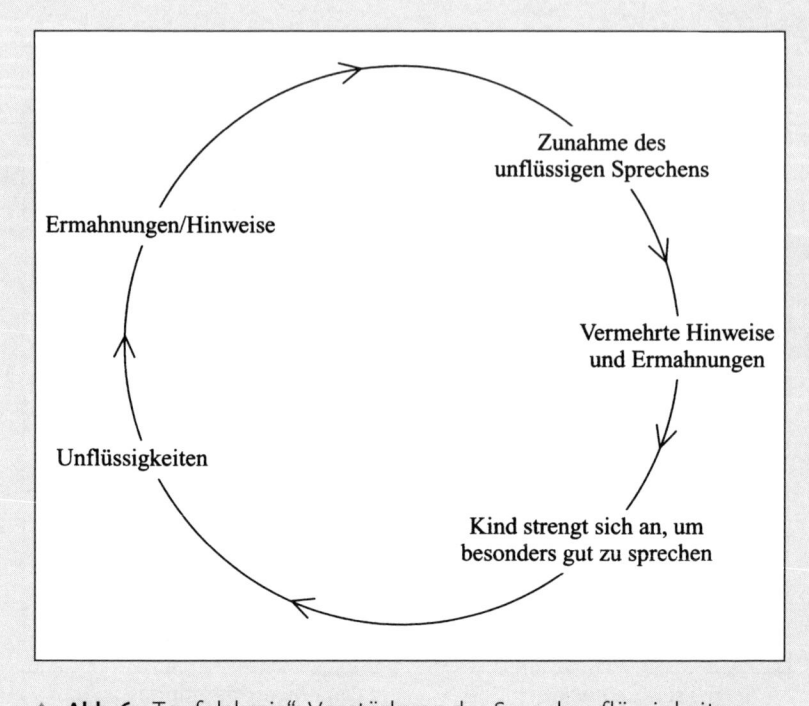

▲ **Abb. 6:** „Teufelskreis": Verstärkung der Sprechunflüssigkeiten

sprachlich zurück. Manchmal verbessert sich das Sprechen des Kindes nach Ermahnungen und Üben für einige Zeit, doch ist das nur ein kurzfristiger „Erfolg".

5 Der Weg zur Beratung/Therapie

Haben die Eltern den Eindruck, dass die Sprachentwicklung ihres Kindes nicht altersgemäß verläuft, sollten sie zunächst zur Diagnostik und Beratung einen Kinder- oder Hals-, Nasen-, Ohrenarzt oder Phoniater aufsuchen, die wiederum an LogopädInnen/SprachheilpädagogInnen/SprachtherapeutInnen überweisen bzw. in der Regel auch die Adressen der örtlichen Therapeuten (Praxen niedergelassener LogopädInnen) oder Beratungsstellen kennen.

Die Kostenübernahme für Diagnostik, Beratung und Therapie erfolgt in der Regel, nach ärztlicher Verordnung, durch die Krankenkasse. Vor dem ersten Termin bei der LogopädIn/SprachheilpädagogIn/SprachtherapeutIn sollten sich die Eltern auf jeden Fall bei ihrer Krankenkasse erkundigen, wie die Kostenübernahme geregelt wird.

Einen Therapeuten aufzusuchen bedeutet nicht in jedem Fall, dass eine Therapie eingeleitet wird, vielmehr haben die Eltern die Möglichkeit, eine objektive Beurteilung über den Entwicklungsstand ihres Kindes und Anregungen für die häusliche Förderung zu bekommen. Sollte es erforderlich sein, wird eine Förderung im vorsprachlichen bzw. sprachlichen Bereich eingeleitet.

Nach einer ausführlichen Diagnostik wird entschieden, welche Art der Förderung für das Kind sinnvoll ist. Diese ist immer abhängig von Art und Schweregrad der Sprachstörung bzw. der allgemeinen Entwicklungsverzögerung. Möglichkeiten wären:

- regelmäßige (Sprach-)Therapie
- einmalige Elternberatung zum Sprachmodellverhalten
- Termine zur Elternberatung in größeren Abständen
- Vorstellung des Kindes in Intervallen (alle 3 Monate, alle 6 Monate), um ggf. Förderung einzuleiten
- Einleitung von anderen Maßnahmen (z. B. Krankengymnastik, Psychomotorik, Heilpädagogik, Frühförderung, Ergotherapie)

Es ist für den Therapeuten hilfreich, wenn die Eltern Informationen über die bisherige Entwicklung des Kindes mitbringen. Dazu gehören Angaben über beobachtete Entwicklungsschritte (z. B. freies Sitzen, Krabbeln, Laufen, erste Wörter etc.), Angaben über Erkrankungen des Kindes, medizinische Behandlungen und ggf. über bisher erfolgte therapeutische Maßnahmen (z. B. Frühförderung, Krankengymnastik etc.). Es ist sinnvoll, das gelbe Kinder-Untersuchungsheft zum ersten Termin mitzubringen. Manchmal ist es ungünstig, Gespräche, die die Entwicklung des Kindes betreffen, im Beisein des Kindes zu führen. Daher ist es hilfreich, wenn bereits bei der Anmeldung der Grund der Vorstellung genannt wird, so dass entsprechende Termine vereinbart werden können.

Diagnostik, Beratung und Therapie sind je nach Art der Sprachstörung sehr unterschiedlich. Daher erfolgt hier keine allgemeingültige Beschreibung. Die Eltern können die Behandlung durch ihre Mitarbeit unterstützen, sie sollten dies jedoch immer in Absprache mit dem Therapeuten tun.

Teil III

Förderung der Sprachentwicklung

Das Umfeld, in dem ein Kind aufwächst, trägt maßgeblich zu seiner allgemeinen und sprachlichen Entwicklung bei. Das Kind sollte Geborgenheit, Freude an gemeinsamen Aktivitäten und Beziehungen zu anderen Personen erfahren. Die Verantwortung, die die Bezugspersonen tragen, unterstreicht das folgende Zitat:

> „Die Menschen haben diese Wahrheit vergessen", sagte der Fuchs.
> „Aber du darfst sie nicht vergessen. Du bist zeitlebens für das verantwortlich, was du dir vertraut gemacht hast. Du bist für deine Rose verantwortlich ..."
>
> *(de Saint-Exupéry, 1980)*

Im Folgenden nennen wir einige Grundsätze für den sprachlichen Umgang mit dem Kind und geben Anregungen für Spielmöglichkeiten, die die Entwicklung des Kindes fördern. Die aufgeführten Vorschläge sind nicht als Übungsprogramm zu verstehen, jede Beschäftigung mit dem Kind sollte in spielerischer Weise erfolgen. Sprechfreude des Kindes, Spaß an der Kommunikation und gemeinsamer Beschäftigung sollten immer im Vordergrund stehen.

1 Sprachvorbild sein

Die Eltern sollten ihre eigene Sprechweise dem Kind gegenüber beobachten und ggf. verändern:

- Sprechen Sie mit dem Kind langsam und deutlich, nicht aber in der „Babysprache" (z. B. „spazieren gehen" und nicht „teita"; „Hund" statt „wau-wau").
- Satzlänge, Wortwahl und Informationsgehalt sollten dem Alter des Kindes angepasst sein.

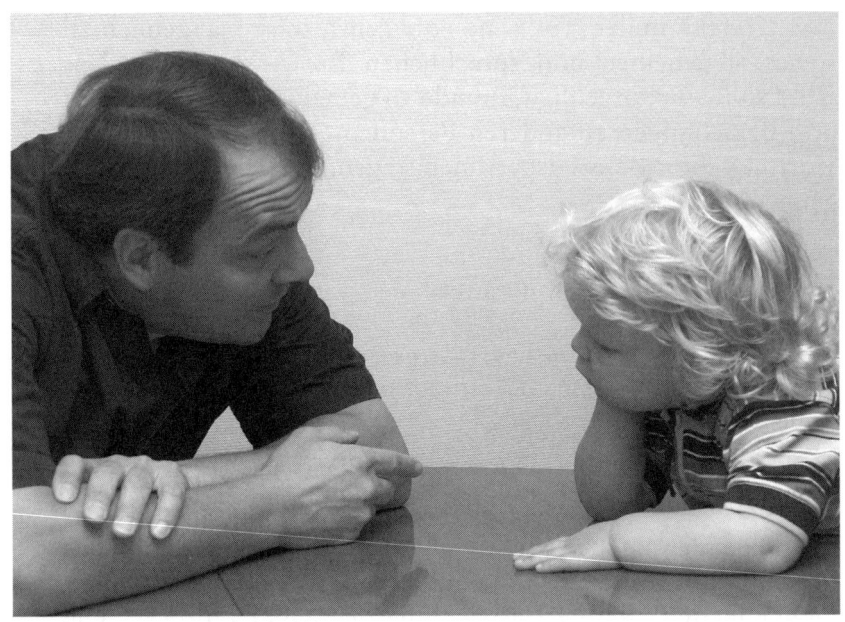

▧ Das Kind sollte in Gesprächen genügend Zeit haben, um zu überlegen, um Fragen zu stellen bzw. Fragen zu beantworten.

▧ Ermöglichen Sie Blickkontakt, wenn Sie sich mit Ihrem Kind unterhalten.

Eine Hilfe für die Eltern ist es, von Zeit zu Zeit Gespräche mit einem Kassettenrekorder aufzunehmen und sich diese hinterher anzuhören. Oft fallen dann Einzelheiten im Sprachverhalten auf, die im Verlauf des Gespräches nicht bemerkt werden.

2 Alltägliche Handlungen sprachlich begleiten

▧ Begleiten Sie Ihre alltäglichen Handlungen sprachlich, so dass das Kind Sprache in konkreten Situationen erfährt.

Beispiele:
a) beim Anziehen – „So, jetzt werde ich dich anziehen. Zuerst das Hemd, jetzt den Pullover. Wo sind denn wieder deine Strümpfe geblieben? ..."
b) beim Kochen – „Erst gießen wir Wasser in den Topf, jetzt stellen wir den Topf auf den Herd... Die Äpfel müssen wir schälen ..."

▧ Begleiten Sie Spielhandlungen Ihres Kindes mit Sprache

Beispiel:
„Ah, du hast die Eisenbahn gefunden. Das war eine gute Idee, dort eine Kurve zu bauen. Ja, da könnte die Brücke stehen ..."

oder:

„Du willst die Puppe anziehen? Nein, diese Schuhe sind für diese kleine Puppe viel zu groß. Schau mal, ob du noch andere findest ..."

Natürlich gilt hier, das Sprachangebot für das Kind in Maßen zu halten, es also nicht mit Kommentaren zu überhäufen, ständig auf das Kind einzusprechen oder ihm pausenlos Fragen zu stellen. Ihr Kind braucht ebenso Zeit, allein oder mit anderen Kindern, ohne Beisein Erwachsener, zu spielen.

3 Die Sprechfreude des Kindes fördern und erhalten

Bereits im 1. Lebensjahr des Kindes ergibt sich für Sie die Möglichkeit, Ihr Kind spielerisch zur Lautbildung anzuregen und seine Sprechfreude zu fördern. Etwa vom 6. Lebensmonat an versucht das Kind, Laute, die es hört, nachzuahmen.

Sie können die Lautproduktionen Ihres Kindes aufnehmen und wiederholen, so dass ein Gespräch entsteht und Ihr Kind zu weiterer Lautbildung angeregt wird. Neben diesem „Sprechspiel" genießt das Kind auch Ihre Zuwendung, den Körperkontakt und die ungeteilte Aufmerksamkeit in diesen Augenblicken und macht erste positive Erfahrungen mit sprachlicher Kommunikation. Versuchen Sie nicht, das Kind dazu zu bringen, von Ihnen vorgesprochene Silben oder Worte zu wiederholen.

Neben Lauten und Silben machen auch Spiele wie Lippenflattern, Schnalzen, mit Zunge und Lippen spielen u.ä. dem Kind Spaß. Es schaut gern zu und ertastet mit seinen Fingern Ihren sich bewegenden Mund. Es hört gerne Kinderlieder, in denen Sprache durch Rhythmus und Melodie unterstützt wird (siehe auch Seite 78 ff).

Mit ca. 10–12 Monaten beginnt das Kind auch, Lautmalereien, die mit bestimmten Bewegungen begleitet werden, nachzuahmen. Wir möchten betonen, dass es nur darum geht, dem Kind Sprache und Bewegung anzubieten, nicht aber von ihm zu fordern.

Beispiele:

winke-winke	Hand- oder Armbewegung
bum-bum	Hammerbewegung mit der Faust
nein-nein	Schütteln des Kopfes
so groß	Arme werden nach oben gestreckt
mmh, das schmeckt	Reiben oder leichtes Klopfen des Bauches

4 Zuhören

- Schaffen Sie eine angenehme Gesprächssituation, indem Sie sich dem Kind zuwenden und es auch ansehen.
- Nehmen Sie Ihr Kind und das, was es erzählen möchte, ernst.
- Sprechen Sie mit ihm über seine Erlebnisse, seine Freude, seinen Ärger, fragen Sie es jedoch nicht aus. Teilen Sie selbst im Gespräch Ihre Gedanken oder Gefühle mit.
- Akzeptieren Sie, wenn das Kind etwas Bestimmtes nicht erzählen möchte.
- Üben Sie keinen Zeitdruck auf das Kind aus, wenn es etwas erzählen möchte.

5 Kontakt zu gleichaltrigen Kindern

- Ermöglichen Sie dem Kind das Spielen mit gleichaltrigen Kindern, so dass es die Möglichkeit hat, mit anderen Kindern im Spiel über Sprache in Kontakt zu kommen.
- Besuchen Sie, wenn es sich organisieren lässt, eine Eltern-Kind-Gruppe, in der bereits das kleine Kind Freunde findet, erste Lieder, Reime und gemeinsame Spiele kennen lernt, und auch Sie Anregungen für das gemeinsame und abwechslungsreiche Spiel zu Hause bekommen können.

6 Korrigierende Rückmeldung

Durch die Art der Äußerung im Gespräch können die Eltern dem Kind eine „korrigierende Rückmeldung" für die Bereiche Artikulation, Satzbau und Wortschatz geben. Dabei geht es nicht darum, die Äußerungen des Kindes zu wiederholen, sondern im Gespräch die Äußerung des Kindes selbst richtig aufzugreifen, um zu zeigen, dass sie das Kind verstanden haben. Mit dieser Rückmeldung wird dem Kind gleichzeitig ein korrektes sprachliches Vorbild gegeben. Das Gespräch sollte dann fortgesetzt werden, ohne jedoch ein Nachsprechen vom Kind zu fordern (siehe Tabelle 3).

7 Hinweise für den Umgang mit dem sprachauffälligen Kind

Ein Kind, dessen Sprachentwicklung langsam oder unvollständig verläuft, braucht die Unterstützung der Eltern für die weitere Entwicklung in ganz besonderer Weise. Es sollte in der Familie genauso wie die anderen Kinder akzeptiert werden. Die Eltern sollten darauf achten, nicht in Gegenwart des Kindes über seine sprachlichen Schwierigkeiten zu sprechen und es nicht mit anderen Kindern/Geschwistern zu vergleichen. Auch ein Kind, dessen sprachliche Entwicklung verzögert verläuft, hat seine Stärken und freut sich über Lob und Anerkennung, die wiederum sein Selbstvertrauen stärken.

Zunächst gelten für den sprachlichen Umgang mit dem Kind alle oben erwähnten Hinweise. Die folgenden Punkte sollten alle für das Kind wichtigen Bezugspersonen zusätzlich beachten:

▼ **Tab. 3:** Beispiele für mögliche korriegierende Rückmeldung

Kind	Eltern
a) Lautebene	
„Da Lula!" „Macht Metterhint da?"	„Da fliegt ein Luftballon." „Wir gucken, was der Schmetterling macht."
b) Wortebene	
„Das ist ein großer Bagger."	„O ja, ein Kran steht auf der Baustelle. Der Kran hebt die schweren Steine hoch."
„Muh"	„Ja, da steht eine Kuh."
„Ich will auch sowas haben!"	„Möchtest du auch einen Pinsel haben und ein Bild malen?"
c) Satzebene	
„Lena auch essen wollen."	„Du möchtest auch etwas essen? Soll ich dir einen Apfel schälen?"
„Ich auch haben roten Ball!"	„Du hast einen roten Ball. Ich habe einen grünen Ball."
d) Wortbildung	
„Das hab ich gemalen."	„Ja, du hast ein schönes Bild gemalt."
„Der hat den Sandkuchen kaputt tretet."	„Ein Kind hat deine Sandburg zertreten. Jetzt bist du traurig. Komm, wir bauen eine Neue."

- Freuen Sie sich über jede sprachliche Äußerung des Kindes, auch wenn sie noch unvollständig oder fehlerhaft ist.
- Kritisieren Sie nicht die Form der Äußerung.
- Schaffen Sie Gesprächs- und Spielsituationen, die dem Kind Spaß machen.
- Korrigieren Sie Fehler nicht direkt („Das heißt nicht Tinderdarten sondern Kindergarten."), sondern setzen Sie „korrigierende Rückmeldung" ein (vgl. Seite 75).
- Lassen Sie keine Laute, Worte oder Sätze nachsprechen („Es heißt nicht tuchen, sag mal: K – Kuchen.").
- Stellen Sie dem Kind keine Fragen vor einer Gruppe Erwachsener oder fordern Sie es auf, Reime u. ä. aufzusagen. („Sag mal das Gedicht auf, das ihr heute gelernt habt!" oder „Erzähl mal vom Kindergarten!").

■ Lassen Sie das Kind ausreden, wenn es erzählt, unterbrechen Sie es nicht. Regen Sie es durch Nachfragen an, weiterzuerzählen (z. B. „Welche Tiere haben dir heute im Zoo am besten gefallen? ... Warum denn gerade die Zebras?" anstatt „Hast du im Zoo auch die Affen gesehen?", denn hier kann das Kind nur mit ja/nein antworten). Äußern Sie auch Ihre eigene Meinung dazu, um kleine Gespräche in Gang zu bringen.

■ Beantworten Sie Fragen des Kindes ernsthaft und in Ruhe.

8 Sprachförderung durch Lieder, Fingerspiele und Reime

Lieder

Einfache Kinderlieder sind in ihrer Länge der Aufmerksamkeitsspanne des Kindes angepasst. Sie haben einen einfachen, gleichbleibenden Rhythmus, der das Mitklatschen oder Mitbewegen erleichtert. Der Tonumfang dieser Lieder entspricht meist der kindlichen Stimmentwicklung.

Lieder vermitteln dem Kind Klang, Melodie und Rhythmus und verbessern Aufmerksamkeit, Konzentration und Merkfähigkeit.

Natürlich kann das Kind die Lieder/Reime erst nach mehrfacher Wiederholung (muss nicht immer direkt hintereinander sein) wiedererkennen. Die Auswahl der Lieder sollte so getroffen werden, dass sie Eltern und Kindern Spaß machen. Einige bekannte Lieder sind nachstehend aufgeführt.

Backe, backe Kuchen

dabei im Rhythmus in die Hände klatschen, evtl. zunächst die Hände des Kindes führen, jedoch nie gegen den Widerstand des Kindes

Hopp, hopp, hopp,
Pferdchen lauf Galopp!

dabei das Kind im Rhythmus auf den Knien wippen

Hoppe, hoppe Reiter

♫
♩

das Kind im Rhythmus auf den Knien wippen, es bei „plumps" leicht zur Seite oder nach hinten fallen lassen; dabei jedoch darauf achten, dass der Kopf gut gestützt wird

Wie das Fähnchen
auf dem Turme

dabei werden die Hände hin und her gedreht

Alle Leut', alle Leut',
geh'n jetzt nach Haus'

zuerst im Rhythmus mitklatschen, dann die Arme passend zum Text nach oben/unten strecken, einen dicken/dünnen Bauch zeigen etc.

Ich bin die kleine Hexe

Ein Kind hüpft auf einem Besen, im Text wird jeweils die Farbe der Schuhe, passend zum Kind, geändert.

Zeigt her eure Füße,
zeigt her eure Schuh'

Die verschiedenen Tätigkeiten werden im Text ausgetauscht und dann mitgemacht, z. B. hüpfen, klatschen, stampfen u. a.

Ich bin ein Musikante

dabei die verschiedenen Instrumente darstellen

Fingerspiele/Reime

Betonung, Sprechmelodie und Rhythmus sind wichtige Elemente der Sprache, die in Reimen und Versen besonders zur Geltung kommen. Der Reim sichert eine gleichbleibende Betonung innerhalb der Sprechmelodie und erleichtert das Einhalten von Sprechtempo und Pausen. Auch für Kinder im Kindergarten-Alter sind Reime oft noch interessant. Neben dem spielerischen Umgang mit Worten erweitern die Kinder ihren Wortschatz, verbessern ihre Merkfähigkeit und bekommen immer wieder ein sprachliches Vorbild für korrekte Artikulation. Haben die Kinder ausreichende sprachliche Sicherheit erlangt, regen die Wortspielereien in Reimen die Kinder an, selbst mit Sprache zu experimentieren und neue Reime zu finden.

Reime, bzw. die Geschichten, die in den Reimen erzählt werden, können durch bestimmte Bewegungen unterstützt werden (Fingerspiele). Nachstehend finden sich einige Beispiele.

Das ist der Daumen,
der schüttelt die Pflaumen,
der liest sie auf,
der bringt sich nach Haus,
und der Kleine isst sie alle, alle auf.

Nacheinander alle Finger anfassen und leicht hin- und herbewegen.

In unserm Häuschen
sind viele Mäuschen.
Sie trippeln und trappeln,
sie zippeln und zappeln,
sie stehlen und naschen,
und will man sie haschen –
dann laufen sie weg.

Das Kind mit den Fingern am Bauch oder an den Armen und Beinen kitzeln, bei „weg" schnell beide Hände hinter dem Rücken verstecken.

Der Papagei, der Papagei,
der macht ein fürchterlich Geschrei:
Den Schnabel auf, den Schnabel zu.
Sag' mein Freund, wie heißt denn du?
Kakadu, Kakadu!

Die Bewegung des Schnabels
machen, indem die Arme auf-
und zugeklappt werden.

Mein Häuschen ist nicht
gerade –
wie schade!
Mein Häuschen ist ein bisschen krumm
wie dumm!
Und bläst ein starker Wind hinein,
dann fällt das ganze Häuschen ein.

Die flachen Hände mit den
Fingerspitzen – als Dach –
aneinander legen, erst gerade,
dann krumm. Pusten, wenn der
Wind kommt, und die Hände
hinter dem Rücken verstecken.

Seht mal Kinder, seht mal an,
wie die Fliege fliegen kann.
Rundherum, dann in die Höh',
doch da kommt der Frosch, oh weh!
Quak, Quak, Quak und 1, 2, 3,
mit der Fliege ist's vorbei.

Mit der Hand die Bewegungen
ausführen, bei „vorbei" mit
der Hand schnappen oder
1 x kräftig in die Hände
klatschen.

Alle meine Fingerlein wollen einmal Tiere sein.
Dieser Daumen, dick und rund, ist ein großer Schäferhund.
Zeigefinger ist ein stolzes Pferd, ist wohl tausend Taler wert.
Mittelfinger ist die bunte Kuh, die macht immer: muh, muh, muh.
Ringfinger ist der Ziegenbock, mit dem langen Zottelrock,
und das kleine Fingerlein, soll ein kleines Lämmlein sein.
Tierlein laufen hopp, hopp, hopp, laufen schnell – im Galopp,
laufen in den Stall hinein, denn es wird bald Abend sein.

Morgens früh um sechs kommt die kleine Hex'.
Morgens früh um sieben schabt sie gelbe Rüben.
Morgens früh um acht wird Kaffee gemacht.
Morgens früh um neun geht sie in die Scheun'.
Morgens früh um zehn holt sie Holz und Spän.
Feuert an um elf, kocht dann bis um zwölf.

Der sagt: wenn es regnet,
werde ich nass.
Der sagt: wenn es regnet,
dann macht's keinen Spaß.
Der sagt: wenn es regnet,
dann geh ich nicht aus.
Der sagt: wenn es regnet,
dann bleib ich zu Haus.
Nur der Kleine,
der konnte nicht warten
und ging mit dem Schirm
in den Kindergarten.

Nacheinander alle Finger
umlegen, bis auf den kleinsten.

Weitere Anregungen bieten auch:

- Das ist der Daumen Knuddeldick. Fingerspiele und Rätsel (M. Arndt, W. Singer (Hg.))
- Die Unzertrennlichen. Neue Fingerspiele (E. Pausewang)
- Fingerspiele (I. Fleming)
- Fingerspiele und andere Kinkerlitzchen (R. Pousset)
- Noch mehr Fingerspiele und andere Kinkerlitzchen. Eine Wundertüte für neue Spiellust mit kleinen Kindern (B. Cratzius)
- Spiele für alle fünf Sinne. Hören, riechen, schmecken, sehen greifen: Wie Babys und kleine Kinder spielend lernen (K. Mönkemeyer)

- Spiele mit Hand und Fuß. Was Finger und Zehen alles können
  (U. Ritter)
- Spielen mit kleinen Kindern und Babys. Ideen, Anregungen,
  Spielzeug im Test (A.-B. Münchmeier)
- Wir machen Fingerspiele. Neue Reime, Spiele, Puppen
  (N. Landa, U. Ritter)
- Zehn kleine Krabbelfinger (M. Austermann, G. Wohlleben)

9 Feinmotorik

Die allgemeine Geschicklichkeit des Muskelsystems für die Feinmotorik beeinflusst auch die Geschicklichkeit der Sprechmuskulatur. Eine besonders enge Beziehung besteht zwischen Handgeschicklichkeit und Sprechgeschicklichkeit. Daher ist es wichtig, dem Kind entsprechendes Material anzubieten, um die Entwicklung der Feinmotorik anzuregen. Je nach Neigung des Kindes wird es bestimmte Materialien bevorzugen.

Materialbeispiele: Bausteine, Puzzle, Schere, Stifte verschiedener Stärke, Fingerfarbe, Papier/Pappe zum Reißen oder Falten, Klebestift für Bastelarbeiten, Knete, Knöpfe, Perlen sowie Schnur mit verdicktem Ende, Steckbretter.

Ziel der Beschäftigung ist das Ausprobieren verschiedener Materialien, um Sinneserfahrungen zu sammeln und eigene Fähigkeiten kennenzulernen und zu erweitern. Es geht nicht darum, „schöne" oder „vorzeigbare" Ergebnisse zu erhalten, sondern Spaß an der Beschäftigung zu haben.

Anregungen bieten auch Faltanleitungen wie:

- Falten und Spielen (E. Carle)
- Fantasie für kleine Hände (R. Ferrari)

Oder Tastbücher und -spiele wie:

- Blinde Kuh (Ravensburger)
- Die kleine Spinne spinnt und schweigt (E. Carle)
- Packesel (Ravensburger)
- Such mich. Fühl mich. Zähl mich (A. Fechner)
- Tast-Domino (Schubi-Lehrmittel)
- Turmbau zu Babel (Ravensburger)

10 Förderung der mundmotorischen Geschicklichkeit

Häufig zeigen Kinder, die Probleme bei der Lautbildung haben, eine ungeschickte Mundmotorik, die ebenso wie die Feinmotorik spielerisch gefördert werden kann.

Zunächst spielt die Nahrungsaufnahme für das Trainieren der Sprechmuskulatur eine große Rolle, daher sollte dem Kind gegen Ende des 1. Lebensjahres auch feste Kost (z. B. Möhren, Brotrinde, Äpfel) angeboten werden. Nicht nur das Zerkleinern der Nahrung durch Bewegung von Lippen, Zunge und Kiefer wird geübt, sondern auch die Koordination der Bewegungen und der Mundschluss.

Später lässt sich die Beweglichkeit und Geschicklichkeit der „Sprechwerkzeuge" fördern.

Spielideen: Seifenblasen, Kerzen ausblasen, Kinderblasinstrumente wie Mundharmonika, Pfeifen oder ähnliches, mit der Zunge schnalzen, mit dem Strohhalm trinken, leichte Gegenstände mit dem Strohhalm ansaugen und transportieren, Schokostreusel mit der Zungenspitze von einem Teller aufnehmen, mit der Zunge/den Lippen turnen (z. B. Zunge hoch zur Nase, nach unten zum Kinn; Zungenspitze nach rechts/links oder raus/rein bewegen etc.).

11 Auditive Wahrnehmung

Für die Förderung der auditiven Wahrnehmung haben wir zwei wichtige Bereiche herausgegriffen, die *auditive Merkfähigkeit* und die *auditive Differenzierung*.

Auditive Merkfähigkeit

Mit kleinen Aufträgen und erzählten oder vorgelesenen Geschichten können Sie die Merkfähigkeit Ihres Kindes verbessern:

- Nach einer Geschichte gemeinsam überlegen: Wer oder was kam darin vor?
- Beim Aufräumen 2 oder 3 Gegenstände aufzählen, die das Kind suchen und aufräumen soll.
- Beim Einkaufen dem Kind 2 oder 3 Gegenstände nennen, die es sich merken und im Geschäft noch wissen soll.
- Bei Vorbereitungen für gemeinsame Unternehmungen dem Kind ein paar Dinge nennen, die es holen oder einpacken soll.
- Regelspiele wie „Koffer packen"
- Reime und Lieder (siehe Seite 78 ff)

Auditive Differenzierung

Es geht darum, verschiedene Geräusche, Klänge und später auch Sprachlaute voneinander zu unterscheiden. Hier ist eine kleine Auswahl von Möglichkeiten, wie Sie diese Fähigkeit fördern können:

- mit verbundenen Augen verschiedene Geräusche raten lassen (z. B. Klingeln des Weckers, Wasser laufen lassen, Würfel oder Stift auf den Tisch fallen lassen, Mixer);
- je zwei Filmdosen mit gleichem Material füllen, dann mit mehreren solcher Dosen ein Memory spielen oder gleich klingende Dosen heraussuchen;
- ein Lied summen und das Lied erraten lassen;
- Reimwörter suchen;
- Wörter mit gleichen Anfangsbuchstaben suchen (erst im Vorschulalter).

12 Visuelle Wahrnehmung

Für die Förderung der visuellen Wahrnehmung bieten sich viele Gelegenheiten im Alltag und natürlich auch viele Spiele an. Sie können Farben, Formen und ähnliche Gegenstände auch im Alltag suchen, finden, benennen und so die visuellen Fähigkeiten fördern:

- Farben: die Farbe zunächst mit einem bekannten Gegenstand vergleichen (z. B. grün wie die Wiese) dann alle grünen Dinge suchen.
- Memory/Domino
- Knöpfe sortieren
- Puzzle
- Kim-Spiele: einige Gegenstände auf den Tisch legen. Das Kind prägt sich diese genau ein, dann dreht es sich um und ein oder zwei Dinge werden weggenommen. Nun wird geraten was fehlt.

13 Wortschatz

Zur Förderung des Wortschatzes bieten sich viele Möglichkeiten im Alltag:

- Beim Aufräumen die Dinge nach Zusammengehörigkeit suchen: Kleidung, Spielzeug, Bücher.
- In der Küche Besteck oder Geschirr und beim Kochen/ Backen die Zutaten benennen.
- Ein Besuch im Zoo/auf dem Bauernhof: dabei die Tiere benennen.
- Ratespiele: Gegenstände beschreiben und raten lassen.
- Gegensätze suchen: groß – klein, dick – dünn, kalt – warm.
- Bilderbücher zu bestimmten Themen betrachten und dazu erzählen.

14 Bilderbücher/Fernsehen

Bevor das Kind Abbildungen in Bilderbüchern erkennen und benennen kann, muss es die Möglichkeit gehabt haben, Gegenstände, ihre Funktion und Beschaffenheit mit allen Sinnen zu erfahren. Auf diese Weise lernt es unterschiedliche Merkmale, Funktionen und Qualitäten kennen und voneinander zu unterscheiden.

Beispiele:
Milch: anfassen und spüren, sehen, schmecken und riechen
Glocke: anfassen, sehen und hören
Ball: fühlen, sehen, verschiedene Funktionen ausprobieren
(rollen, werfen, einfangen, die Treppe herunter kullern lassen)
Baustein: tasten, sehen, damit bauen, einen Turm wieder
umfallen sehen
Stoff: fühlen, sich darin einwickeln

Die ersten Bücher sollten bunt sein, damit sie die Aufmerksamkeit des Kindes auf sich ziehen, und sie sollten klare und eindeutige Abbildungen enthalten. Die ersten Bilderbücher sollten aus reißfestem Karton sein, denn das Kind benutzt sie auch als Spielzeug, indem es die Seiten mit Wonne auf- und zuklappt.

Zunächst geht es bei der gemeinsamen Bildbetrachtung um das Wiedererkennen von abgebildeten Gegenständen, später auch um das Darstellen von Zusammenhängen. Das Kind sollte Zeit haben zum Suchen und Betrachten der einzelnen Bilder. Aufmerksamkeitsspanne und Ausdauer sind zunächst noch kurz, das Kind sollte also immer das Ende einer solchen Beschäftigung bestimmen dürfen. Allmählich können die Abbildungen komplexer werden, das Kind erfasst auch einzelne, kurze Bildgeschichten.

Das Bilderbuch stellt in Situationsbildern, in Handlungsabläufen oder in Bildgeschichten einen Ausschnitt der Umwelt des Kindes dar. Es hilft ihm, durch das Bild die Umwelt zu erfassen und Hintergründe zu erfahren. Durch die Art der Darstellung, häufig unterstützt durch Texte, wird das Kind dazu angeregt, sich mit dem Inhalt auseinander zu setzen. Das Bilderbuch veranlasst das Kind, sich in die aufgezeigten Vorgänge zu vertiefen, genau zu beobachten, Einzelheiten zu erkennen, Bilder miteinander zu vergleichen und Unterschiede herauszufinden. Bilder sind also sehr dazu geeignet, Wahrnehmung und Sprachverständnis zu fördern und den Wortschatz zu erweitern. Im Gegensatz zum Fernsehen, bei dem die schnelle Abfolge und Informationsflut vom Kind oft nicht erfasst und gespeichert werden können, kann es sich die Szenen im Bilderbuch ansehen, so lange und so oft es möchte und immer wieder etwas Neues entdecken. Fernsehsendungen, die in ihrer Länge, ihrem Informationsgehalt und ihrer Gestaltung dem Alter des Vorschulkindes angepasst sind, eignen sich durchaus, Kindern Wissen über ihre Umwelt zu vermitteln. Es ist sinnvoll, dass die Eltern die Sendung mit dem Kind gemeinsam sehen oder den Inhalt der Sendung kennen, damit ein Gespräch über den Inhalt möglich ist. Das Fernsehen kann jedoch nie das eigene Erleben, Gespräche oder Bücher ersetzen. Kinder, die schon früh mit Bilderbüchern umzugehen lernen, werden beim Betrachten ihrer Umwelt und dem aktiven Gebrauch ihrer Sprache unterstützt und können später aus Büchern viele unterschiedliche Dinge lernen.

In der Regel entwickelt sich bei der gemeinsamen Bilderbuchbetrachtung ein Gespräch zwischen dem Erwachsenen und dem Kind, bei dem Anregung und Sprachvorbild durch den Erwachsenen gegeben werden und auch Austausch von Gedanken, Erlebnissen und Gefühlen möglich ist. Dabei sollten die Eltern das Kind jedoch nie drängen, eine Antwort zu geben. Im Vordergrund steht der Spaß an der gemeinsamen Beschäftigung. Die Eltern können das Gespräch anregen, indem sie

- Dinge aus dem Buch beschreiben,
- eigene Erlebnisse schildern,
- das Kind fragen: „Was siehst du?",
- nach Eigenschaften/Besonderheiten der Dinge fragen: „Wie sieht das aus?",

- nach Zusammenhängen fragen: „Was ist auf dem Bild los?",
- die Phantasie des Kindes anregen: „Was könnte passieren?",
- das Kind zum Nacherzählen anregen bzw. mit ihm gemeinsam die Geschichte nacherzählen.

Oft fordern Kinder, ein bestimmtes Bilderbuch immer wieder vorzulesen, bis sie schließlich die Texte auswendig können und nun selber „vorlesen".

Natürlich kann ein Bilderbuch nie die Erfahrungen vermitteln, die das Kind in der direkten Auseinandersetzung mit seiner Umwelt macht (z. B. Spaziergänge, Ausflüge zum Bauernhof etc.).

15 Spiel

Freies Spiel

Als Spiel bezeichnen wir Erwachsenen fast alle Tätigkeiten des Kindes. Das Spiel, allein oder auch gemeinsam, ist für das Kind eine wichtige Tätigkeit. Es ist für seine allgemeine und auch seine sprachliche Entwicklung von besonderer Bedeutung und sollte daher nicht unnötig gestört oder unterbrochen werden.

Spielen heißt, sich aktiv mit seiner Umwelt auseinander zu setzen, sei es mit Alltagsgegenständen, Spielmaterial oder anderen Dingen wie Sand, Wasser, Steinen etc. Erst durch eigenes Hantieren mit den Gegenständen erfährt es etwas über ihre Beschaffenheit und Funktion. Durch das Spiel „übt" das Kind viele Fertigkeiten: Es wird sicherer in seinen Körperbewegungen, geschickter in der Feinmotorik, trainiert seine Konzentrationsfähigkeit, entwickelt Phantasie, erweitert seinen Wortschatz und lernt, genauer wahrzunehmen, d. h. ähnliche Dinge voneinander zu unterscheiden, Formen bzw. Farben zuzuordnen etc.

Im 3. Lebensjahr entwickeln sich im Spiel Handlungsfolgen, die mehr und mehr auch sprachlich begleitet werden. Eigene Vorstellungen werden mit anderen Kindern ausgetauscht und das Spiel wird gemeinsam gestaltet. Im Rollenspiel werden Handlungen und Situationen nachgespielt, so dass sich das Kind auch im Umgang mit anderen Personen „übt", es werden u. a. Konfliktsituationen nachgespielt und verschiedene Lösungen ausprobiert. Gerade im Rollenspiel schaffen sich die Kinder manchmal ihre „eigene Welt" und orientieren sich nicht unbedingt an der Realität. Das Symbolspiel ermöglicht ihnen, Gegenständen eine andere Bedeutung zu geben, indem sie spielen „es wäre …".

Für das freie Spiel können Sie dem Kind neben Spielfiguren, Bausteinen und anderem Spielzeug verschiedene Materialien wie Sand, Steine, Muscheln, Wasser, Gras, Ton, kleine Holzstücke, Laub, Kastanien, Knete, Pappe, Papier, Klebstoff, Tücher, Fingerfarbe, Wasserfarbe u. a. zur Verfügung stellen (Natürlich sind nicht alle Materialien für den Einsatz im Kinderzimmer geeignet). Die Phantasie des Kindes kann damit alle möglichen Spielsituationen und Spielwelten schaffen.

Regelspiele

Neben dem freien, ungelenkten Spiel gibt es eine Vielzahl von Regelspielen, die verschiedene Fähigkeiten des Kindes ansprechen bzw. fördern. Spielen soll vor allem Spaß machen und die Gemeinschaft fördern, bedeutet aber immer auch Kommunikation, d. h. beim gemeinsamen Spielen findet durch den sprachlichen Austausch auch Sprachanregung statt.

Gesichtspunkte, nach denen Eltern Regelspiele für ihre Kinder auswählen können, sind folgende:

- Was macht Eltern und Kindern Spaß (Würfelspiele, Kartenspiele, Geduldsspiele etc.)?
- Mit welchem Material kann das Kind umgehen (Papier, Pappe, Holz)?
- Wie ist die Spielidee (Gewinnen alle gemeinsam oder gibt es Gewinner/Verlierer)?

- Wie lange dauert das Spiel (Ausdauer des jüngsten Teilnehmers berücksichtigen)?
- Auf welchem Entwicklungsstand ist das Kind (kann es mit einem 6er-Würfel umgehen, kann es mehrere Karten in der Hand halten)?
- Welche besonderen Ziele/Bereiche verfolgen Sie mit dem Spiel?
  - Farben zuordnen oder Farbbegriffe lernen
  - Formen zuordnen oder die Namen der Formen lernen
  - Zahlen und Mengen erkennen
  - Buchstaben/Zahlen
  - Merkfähigkeit
  - Wahrnehmung
  - Feinmotorik
  - Konzentration

Spiele zu den o. g. Bereichen finden Sie in öffentlichen Büchereien, auf Kinder-Flohmärkten oder im Fachhandel. Schauen Sie sich die Spiele an bzw. lassen Sie sich beraten.

16 Sprachliche Anregung im Kindergarten

Für die Arbeit im Kindergarten gelten die gleichen Prinzipien der Sprachförderung und -anregung, wie oben beschrieben. Im Kindergartenalltag haben die Kinder viele Möglichkeiten für Spiel und Gespräche untereinander. Das Spiel mit gleichaltrigen Kindern in einer Gruppe hat in der Regel einen positiven Einfluss auf die Sprachentwicklung, da die Kinder voneinander lernen (Wortwahl, Satzbau) und jedes Kind merkt, dass auch die anderen Kinder beim Erzählen überlegen müssen oder nach Worten suchen. Im gemeinsamen „Stuhlkreis" hat wiederum der/die Erzieher/in die Möglichkeit der korrigierenden Rückmeldung, die allen Kindern zu Gute kommen kann (siehe Seite 75). Hier sollte besonders darauf geachtet werden, dass keine Kritik an der Sprache einzelner Kinder geübt wird.

Im Kindergarten bieten sich zudem gute Möglichkeiten Reime, Fingerspiele, Bewegungsspiele und Lieder einzusetzen, die in der Gruppe mehr Spaß machen als allein. Auch das Angebot an Spielen zur Förderung der Grob- und Feinmotorik ist im Kindergarten größer, als es dem Kind zu Hause angeboten werden kann. Die Kenntnis von Farben, Formen, Mengen sowie die Erweiterung des Wortschatzes können ebenfalls in der Gruppe gefördert werden.

Gezielte sprachliche Förderung sollte auch hier nur in Absprache mit den behandelnden bzw. beratenden LogopädInnen/SprachtherapeutInnen erfolgen.

Erklärung von Fachbegriffen

Agrammatismus: schwerste Stufe des Dysgrammatismus, d. h. das Kind beschränkt sich auf den 1-Wort-Satz, der nur durch Mimik, Tonfall und Gestik verständlich wird

Artikulation: bestimmte definierte Bewegung von Zunge, Lippen, Kiefer, Gaumen, um Vokale und Konsonanten zu bilden

auditiv: den Sinn des Hörens betreffend

Diagnose: Erkennung, Bestimmung von Krankheiten; hier: genaue Untersuchung der Sprachstörung, Feststellung der Auffälligkeiten und ggf. der Ursachen

Differenzierung, phonematische: Unterscheidung ähnlich klingender Geräusche, Klänge und Laute

Disposition: Neigung, Empfänglichkeit für Krankheiten bzw. Anlage für die Entstehung besonderer Auffälligkeiten, die aber nicht zwingend auftreten müssen

Dysgrammatismus: Störung in der Fähigkeit, seine Gedanken, Wünsche und allgemeine Mitteilungen in der richtigen grammatischen Form zum Ausdruck zu bringen

Dyslalie: auch Stammeln; Unfähigkeit, bestimmte Laute oder Lautverbindungen zu bilden oder sie an der entsprechenden Stelle im Wort bzw. Satz einzusetzen

Feinmotorik: dosierte, fein abgestimmte Bewegungen vor allem der Hände und Finger

frühkindlicher Hirnschaden: (meist minimale) Funktionsstörung im Gehirn, die unmittelbar vor, während oder nach der Geburt verursacht wird

Grobmotorik: alle gesamtkörperlichen Bewegungen

Hörmerkspanne: Anzahl der Silben oder Wörter, die sich ein Kind nach einmaligem Hören merken und dann auch wiedergeben kann

Integration: Wiederherstellen eines Ganzen aus seinen Teilen, hier: aufnehmen, verarbeiten, ordnen und speichern aller Sinneseindrücke; erforderlich, um sich sinnvoll mit seiner Umgebung auseinander zu setzen

Kieferanomalien: Fehlstellungen im Kieferbereich, die zu Zahnfehlstellungen und evtl. zu Störungen der Lautbildung führen können

kinästhetisch: die Bewegungen betreffende Wahrnehmung

kognitiv: auf das Denken/die geistige Entwicklung bezogen

Lallen: spielerische Lautäußerungen des Säuglings

Lautbildung: siehe Artikulation

Lautierungen: Lautäußerungen, siehe auch Lallen

Lispeln: siehe Sigmatismus

Merkfähigkeit: Fähigkeit, neue Eindrücke kurzfristig zu behalten, siehe auch Hörmerkspanne

Modulation: Abstufung des Sprechens nach Lautstärke und Klangfarbe

Motorik: alle willkürlichen Bewegungsvorgänge, die die Stellung der Muskulatur und den Spannungszustand des Bewegungsapparates verändern

Mundmotorik: alle Bewegungen der Zunge, der Lippen, des Unterkiefers und der Wangen, die für Nahrungsaufnahme und Sprechen von Bedeutung sind

myofunktionelle Störung: Störungen des muskulären Gleichgewichts der am Schluck- und Sprechvorgang beteiligten Muskeln mit Beeinträchtigung der Zahnstellung und oft auch der Lautbildung

Näseln: *geschlossenes Näseln:* bei den Nasalen (M/N/NG) entweicht die Luft nicht wie im Regelfall durch die Nase, sondern durch den Mund; oft mit Störung des Stimmklanges
offenes Näseln: bei allen Lauten entweicht zu viel Luft durch die Nase anstatt durch den Mund, so dass Lautbildung und Stimmklang auffällig sind

Nasale: die Laute M/N/NG, bei denen beim Sprechen die Luft auch durch die Nase geführt wird

physiologisch: alle natürlichen, normalen Lebensvorgänge, Aufbau und Funktion der Organe betreffend; hier: alle natürlichen Entwicklungsschritte betreffend

Poltern: überhastetes, schnelles Sprechen mit nur wenigen Pausen, undeutliche Aussprache und ungeordnete Erzählweise in Bezug auf den Inhalt

propriozeptiv: die Eigenwahrnehmung betreffend; die propriozeptive Wahrnehmung ermöglicht dem Gehirn, in jedem Augenblick zu erkennen, wo sich jeder Körperteil befindet und wie er sich bewegt

Resonanzraum: Mund-, Nasen- und Rachenraum

Rhinophonie: Näseln

Sensomotorik: die durch Sinnesreize (Tasten, Sehen, Hören, Fühlen) veranlasste Bewegung

Sigmatismus: fehlerhafte Aussprache der S-Laute (s/x/z), man unterscheidet:
Sigmatismus interdentalis: die Zungenspitze schiebt sich bei der Bildung von s/x/z nach vorn zwischen die Zahnreihen
Sigmatismus addentalis: die Zungenspitze liegt von hinten an den Schneidezähnen an
Sigmatismus lateralis: Luft strömt seitlich in die Wangentaschen, so dass ein unscharfes, zischendes Geräusch entsteht

Sprachentwicklungsverzögerung: verspätetes Auftreten oder Ausbleiben physiologischer Sprachentwicklungsschritte

Sprachverständnis: die Fähigkeit, Gehörtes bzw. Gelesenes auch ohne direkten situativen Zusammenhang aufnehmen und verarbeiten zu können und entsprechend zu handeln

Stammeln: siehe Dyslalie

Stimmstörung: auffälliger Stimmklang (z. B. Heiserkeit), bedingt durch funktionelle oder organische Ursachen

Stottern: Unterbrechungen des Redeflusses durch Laut-, Silben-, Wort- oder Satzteilwiederholungen, Pausen oder Lautdehnungen

taktil: den Sinn der Berührung von Haut und Schleimhäuten betreffend

Toxoplasmose: eine Infektionskrankheit

vestibulär: den Gleichgewichtssinn betreffend

visuell: den Sinn des Sehens betreffend

Vokalsprache: nur aus Vokalen bestehende Sprache, es werden keine Konsonanten benutzt (Beispiel: oo – a – u – statt Luftballon)

Wahrnehmung: das Erfassen und Aufnehmen der Umwelt über die Sinnesorgane

Wortschatz, *passiv:* Gesamtheit aller Worte, die ein Kind versteht.

aktiv: Gesamtheit aller Worte, die ein Kind aktiv im Sprachgebrauch einsetzt.

Literatur

Affolter, F.: Wahrnehmung, Wirklichkeit und Sprache. Neckar-Verlag, Villingen, 9. Aufl. 1997

Ayres, A. J.: Bausteine der kindlichen Entwicklung. Springer-Verlag, Berlin/Heidelberg/New York/Tokyo 1998

Biesalski, P.: Ärztlicher Rat bei Sprachstörungen im Kindesalter. Thieme Verlag, Stuttgart 1978

Franke, U.: Logopädisches Handlexikon. Ernst Reinhardt Verlag, München /Basel, 6. Aufl. 2001

Führing, Lettmayer, Elstner, Lang: Die Sprachfehler des Kindes und ihre Beseitigung. Österreichischer Bundesverlag, Wien 1978

Göllnitz, G.: Die Bedeutung der frühkindlichen Hirnschädigung für die Kinderpsychiatrie. Thieme-Verlag, Leipzig 1954

Grohnfeldt, M.: Grundlagen der Therapie bei sprachentwicklungsgestörten Kindern. Edition Marhold, Berlin, 4. Aufl. 1997

Grunwald, A.: Sprachtherapie. Hamburg 1979 (Direktbezug vom Verlag Sigrid Persen, Billwiese 10, 21033 Hamburg-Bergedorf)

Gutzmann, H.: Des Kindes Sprache und Sprachfehler. Verlagsbuchhandlung Weber, Leipzig 1931

Herrmann-Röttgen, M.: Unser Kind spricht nicht richtig. Trias, Stuttgart 1997

Hortmann, K.: Die Bedeutung einer normgerechten Sprachentwicklung im Säuglings- und Kleinkindalter. Ärztliche Jugendkunde 61, 1970, 535–543

Jahn, T.: Phonologische Störungen bei Kindern. Thieme, Stuttgart 2000

Kainz, F.: Die Sprachentwicklung im Kindes- und Jugendalter. Ernst Reinhardt Verlag, München/Basel 1964

Keilmann, A.: So lernt mein Kind sprechen. Midena, Augsburg 1998

Maschka, F., Enenkel, K.: Mein Kind hat Schwierigkeiten beim Sprechen. Jugend & Volk, Verlagsgesellschaft, Wien 1969

Piaget, J.: Das Erwachen der Intelligenz beim Kinde. Klett-Cotta, Stuttgart 1991

Puppe, P.: Sprachauffälligkeit im Vorschulalter – der neue Schwerpunkt einer zeitgemäßen Sprachbehindertenpädagogik. Die Sprachheilarbeit 21. Jg. 1976, 141–152, 169–184

Radigk, W.: Wie Andi das Sprechen lernt. Scriptor Verlag, Königstein/Ts. 1982

Reckling, H.-J.: Rhythmisch-musikalische Erziehung in der Sprachheilschule. Marhold Verlagsbuchhandlung, Berlin 1975

Richter, E.: Rhythmus als ausdrucksfördernder Faktor in der Übungsbehandlung des Stotterns. Die Sprachheilarbeit 12. Jg. 1967, 50–60

Richter, E., Brügge, W., Mohs, K.: Wenn ein Kind anfängt zu stottern. Ernst Reinhardt Verlag, München/Basel, 3. neubearb. Aufl. 1998

Richter, E., Wertenbroch, W.: Die Sprachübungsbehandlung des Stotterns. Verlag Sigrid Persen, Hamburg 1986

Rösler, A.: Der praktische Sprachheillehrer. Marhold Verlagsbuchhandlung, Halle/Saale 1933

Saint-Exupéry de, A.: Der kleine Prinz. Karl Rauch Verlag, Düsseldorf 2000

Sandrieser, P., Schneider, P.: Stottern im Kindesalter. Thieme, Stuttgart, 2. Aufl. 2003

Schwerin von, A.: Sprache haben – Sprechen können. Hilfen für sprach- und sprechauffällige Kinder im Kindergarten. Herder Verlag, Freiburg/Br. 2000

Seemann, M.: Sprachstörungen bei Kindern. VEB Verlag Volk und Gesundheit, Berlin 1974

Stengel, I., v.d. Hude, L., Meiwald, V.: Sprachschwierigkeiten bei Kindern. Klett-Cotta-Verlag, Stuttgart, 9. Aufl. 1997

Teumer, J., Schwarze, A.: Spricht Ihr Kind wie andere Kinder? „Paket": Materialien zur Öffentlichkeitsarbeit. Hamburg 1982

Weinrich, M., Zehner, H.: Phonetische und phonologische Störungen bei Kindern. Springer, Berlin/Heidelberg 2003

Wendlandt, W.: Sprachstörungen im Kindesalter. Materialien zur Früherkennung und Beratung. Thieme Verlag, Stuttgart/New York, 4. Aufl. 2000

Wertenbroch, W.: Übungsbuch zur Behandlung des Stotterns nach der Methode von Erwin Richter. Verlag Sigrid Persen, Hamburg 1988

Wulff, J.: Sprechfibel. Wegweiser zum richtigen Sprechen für die Kleinen. Ernst Reinhardt Verlag, München/Basel, 7. Aufl. 1989

Zollinger, B.: Die Entdeckung der Sprache. Verlag Paul Haupt, Bern/Stuttgart/Wien, 4. Aufl. 1999

Erwin Richter | Walburga Brügge | Katharina Mohs
Wenn ein Kind anfängt zu stottern

Ratgeber für Eltern und Erzieher
(»Kinder sind Kinder«; 2)
3., neu bearb. Auflage 1998.
75 Seiten. 7 Abb. 1 Tab.
(3-497-01450-8) kt

Kinder im Vorschulalter sprechen häufig noch nicht flüssig, und nicht immer handelt es sich dabei um beginnendes Stottern. Doch welche Zeichen deuten den Betreuenden die Unterschiede zwischen entwicklungsbedingten Unflüssigkeiten und beginnendem Stottern an? Wann sollten sich Eltern um Hilfestellung bemühen? Die Autoren/innen bieten den Eltern Antworten auf diese Fragen und Informationen über Stottern und andere Redeflußstörungen für alle, die Kinder im Vorschulalter oder in der Grundschule betreuen. In diese neubearbeitete Auflage wurde zusätzlich ein Kapitel über den Verlauf der Sprachentwicklung des Kindes aufgenommen, mit Hinweisen, wie Eltern die Sprachentwicklung ihres Kindes unterstützen können.

www.reinhardt-verlag.de

Gerda Pighin
**Kindern Werte geben –
aber wie?**

(»Kinder sind Kinder«; 27)
2., überarb. Auflage 2005
ca. 120 Seiten. Zahlr. Fotos.
(3-497-01747-7) kt

Kinder sollen sich im Kindergarten,
in der Schule und später im Beruf
durchsetzen können. Sie sollen aber
auch tolerant und einfühlsam sein.
Gerda Pighin gibt Eltern und Groß-
eltern einen Leitfaden für eine moderne Werterziehung an
die Hand. Damit unsere Kinder die Welt von morgen wertvoll
gestalten können.

Karl E. Dambach
**Zivilcourage lernen in der
Schule**

(»Kinder sind Kinder«; 28)
ca. 140 Seiten. Zahlr. Fotos
(3-497-01748-5) kt

An Schulen werden Kinder gehänselt,
ausgegrenzt und leider gar nicht selten gemobbt. Wegsehen gilt nicht,
sagt Karl Dambach. Er hat ein Pro-
gramm gegen soziale Gleichgültigkeit
entwickelt. Es ist geeignet für Schüler zwischen 12 und 17 Jahren: Die Schüler üben mutiges Verhalten ein und lernen Zivilcourage im Schulalltag

reinhardt
www.reinhardt-verlag.de

Franz J. Mönks
Irene H. Ypenburg
Unser Kind ist hochbegabt

(»Kinder sind Kinder«; 14)
4., aktualisierte Auflage 2005.
ca. 89 Seiten. (3-497-01766-3) kt

Wo findet man die richtige erzieheri-
sche und fördernde Hilfe, die das hoch-
begabte Kind braucht? Kann man Hoch-
begabung schon im frühen Kindesalter
erkennen? Wie können Erziehungs- und
Schulprobleme vermieden werden? Diese und andere Fragen
beantwortet dieses Taschenbuch.

Sylvia Weber
**Linkshändige Kinder richtig
fördern**

Mit vielen praktischen Tipps
(»Kinder sind Kinder«; 23)
2., durchges. Auflage 2005. ca. 124 Seiten
Zahlr. Abb. (3-497-01729-9) kt

Wie mache ich das mit links? Eine
Schleife binden, den Computer bedie-
nen und vor allem mit links unver-
krampft schreiben? Sylvia Weber gibt
viele hilfreiche Tipps, wie man die natürliche Bevorzugung
der linken Hand sinnvoll unterstützen kann.

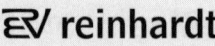
ᴇᐯ reinhardt
www.reinhardt-verlag.de

Hermann Liebenow
Konsequenz – Eltern lernen, was Kinder brauchen

Mit Zeichnungen von Manfred Bofinger
(»Kinder sind Kinder«; 26)
2., überar. und erw. Auflage 2004.
151 Seiten.
(3-497-01701-9) kt

Hermann Liebenow

Konsequenz

Eltern lernen, was Kinder brauchen

Der erfahrene Erziehungsberater Hermann Liebenow schildert alltagspraktisch, wie schon Babys Aufmerksamkeit entwickeln und Kleinkinder Weisungen beachten lernen, wie Kindergarten- und Schulkinder Regeln lernen. Eine praktische und fundierte Hilfe für den konsequenten Umgang in der Familie.

Vassilia Triarchi-Herrmann
Mehrsprachige Erziehung

Wie Sie Ihr Kind fördern
Mit einem Vorwort von W. E. Fthenakis
(»Kinder sind Kinder«; 25)
2003. 135 Seiten. 8 Abb.
(3-497-01671-3) kt

Vassilia Triarchi-Herrmann

Mehrsprachige Erziehung

Wie Sie Ihr Kind fördern

Vassilia Triarchi-Herrmann – die aus ihrem reichen Erfahrungsschatz als Sprachtherapeutin und als Mutter eines zweisprachig aufwachsenden Kindes schöpft – macht den Leser mit der Zweisprachigkeit vertraut und erläutert grundlegende Begriffe. Erklärungsansätze zur Entwicklung zweisprachiger Kinder werden anschaulich dargestellt.

ℇ𝒱 reinhardt
www.reinhardt-verlag.de

Joachim Rumpf
Schreien, schlagen, zerstören

Mit aggressiven Kindern umgehen
(»Kinder sind Kinder«; 21)
2002. 120 Seiten. (3-497-01629-2) kt

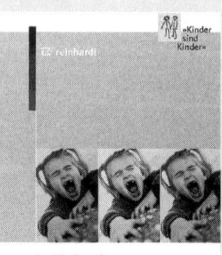

Joachim Rumpf
Schreien, schlagen, zerstören
Mit aggressiven Kindern umgehen

Joachim Rumpf, der mehr als 10 Jahre
Elternseminare geleitet und moderiert
hat, klärt Eltern über die Erscheinungs-
formen und Ursachen aggressiven Ver-
haltens auf und veranschaulicht an-
hand von zahlreichen Fallbeispielen, wie Eltern auch schwierige Situationen in der Familie meistern können.

Margarete Blank-Mathieu
Kleiner Unterschied – große Folgen?

Geschlechtsbewusste Erziehung in der Kita
(»Kinder sind Kinder«; 20)
2., aktual. Auflage 2002. 140 Seiten.
(3-497-01619-5) kt

Margarete Blank-Mathieu
Kleiner Unterschied – große Folgen?
Geschlechtsbewusste Erziehung in der Kita

Margarete Blank-Mathieu bietet eine
Fülle von Informationen über die Entwicklung von Kindern, gibt praktische
Hinweise für die Arbeit in Kindertages-
stätten und zeigt, wie eine geschlechtsoffene und demokra-
tische Erziehung im Kindergarten geleistet werden kann.

℞ reinhardt
www.reinhardt-verlag.de

Johann R. Krauss
Der Abenteuerspielplatz

Planung, Gründung und
pädagogische Arbeit
(»Kinder sind Kinder«; 24)
2003. 131 Seiten. zahlr. Fotos und Tab.
(3-497-01652-7) kt

Johann R. Krauss schöpft aus seiner jahrelangen Erfahrung auf dem Abenteuerspielplatz und hat in diesem Buch viele zentrale Fragen beantwortet, die sich bei der Planung eines Abenteuerspielplatzes stellen. Entstanden ist ein informativer Ratgeber, der in die Tasche eines jeden Erlebnispädagogen gehört

Johann R. Krauss

Der Abenteuerspielplatz

Planung, Gründung
und pädagogische Arbeit

Sylvia Görnert-Stuckmann
Mit Kindern Geschichten erfinden

(»Kinder sind Kinder«; 22)
2003. 123 Seiten. 8 Kinderzeichnungen
(3-497-01644-6) kt

Sylvia Görnert-Stuckmann erklärt, warum Geschichten für die gesunde Entwicklung des Kindes, aber auch zur Lösung von Konflikten wichtig sind. Nutzen Sie die Beispiele und Geschichten in diesem Buch für Ihren Alltag und zur spielerischen Förderung Ihres Kindes. Sie werden sehen – nicht nur die Kinder haben Spaß dabei.

Sylvia Görnert-Stuckmann

**Mit Kindern
Geschichten erfinden**

ℛ/ **reinhardt**
www.reinhardt-verlag.de

Buchreihe »Kinder sind Kinder«

ℝ⁄ **reinhardt**
www.reinhardt-verlag.de

Walburga Brügge
Katharina Mohs
Therapie der Sprachentwicklungsverzögerung

Eine Übungssammlung
2. Auflage 2003. 219 Seiten. 47 Abb.
(3-497-01664-0) kt

Arbeitsheft zur Therapie der Sprachentwicklungsverzögerung
2. Auflage 2004. 39 Seiten. 133 Abb.
(3-497-01665-9) geh

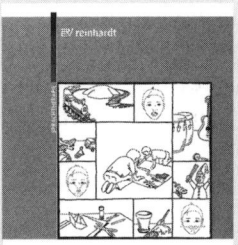

Sprachentwicklungsverzögerungen zeigen ein vielfältiges Erscheinungsbild: Die betroffenen Kinder können Schwierigkeiten mit der Aussprache, dem Wort- und Satzverständnis und mit der Grammatik haben. Das vorliegende Buch stellt Übungen und Spielideen vor, die sich gut in der logopädischen Praxis umsetzen lassen. Es gibt Anregungen, die Therapie abwechslungsreich und spielerisch zu gestalten und Neues auszuprobieren. Mit Hilfe von themenbezogenen Begriffssammlungen und Wortlisten für die einzelnen Laute kann man die Übungen für die spezifischen Bedürfnisse einzelner Kinder selbst variieren.

Im separat erhältlichen Arbeitsheft sind ergänzend zum Buch Bildvorlagen zur Mundmotorik, Abbildungen für die Klang- und Geräuschübungen sowie Bilder zum Malen, Stempeln und Kleben als Begleitmaterial zusammengestellt. Diese Materialien können sowohl in der Therapie als auch in den häuslichen Übungen eingesetzt werden.

 **reinhardt**
www.reinhardt-verlag.de

Walburga Brügge
Katharina Mohs
**Therapie funktioneller
Stimmstörungen**

Übungssammlung zu Körper, Atem,
Stimme
5. Auflage 2005. ca. 178 Seiten.
ca. 29 Abb. ca. 3 Tab.
(3-497-01473-7) kt

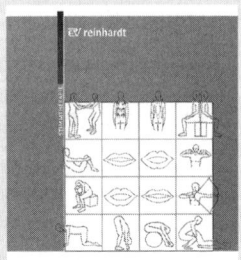

Brügge • Mohs
**Therapie funktioneller
Stimmstörungen**
Übungssammlung
zu Körper, Atem, Stimme
5. Auflage

Dieses Buch enthält über 200 Übungen
zur Behandlung funktioneller Stimmstörungen im Rahmen der logo-
pädischen Stimmtherapie. Der Schwerpunkt liegt in der Anregung für die praktische Arbeit; auf ausführliche theoretische
Erklärungen wurde bewusst verzichtet. Die Übungssammlung
soll helfen, die Therapievorbereitung zu erleichtern, und will
darüber hinaus anregen, „Neues" auszuprobieren. Es wird ein
breites Spektrum an Übungen zu den Bereichen Körper,
Atmung und Stimmbildung dargestellt. Zeichnungen unterstützen das Verständnis und die Umsetzung der Übungen.
Um erarbeitete Techniken zu festigen und die Übertragung in
den Alltag zu erleichtern, enthält dieses Buch zudem Wort-
und Satzübungen sowie einen Textanhang.

ℇ/ reinhardt
www.reinhardt-verlag.de